图解篮球运动
从入门到精通
（视频学习版）

刘硕 编

人民邮电出版社
北　京

图书在版编目（CIP）数据

图解篮球运动从入门到精通：视频学习版 / 刘硕编
. -- 北京：人民邮电出版社，2023.5（2024.7重印）
ISBN 978-7-115-60214-5

Ⅰ．①图… Ⅱ．①刘… Ⅲ．①篮球运动—图解 Ⅳ.
①G841-64

中国版本图书馆CIP数据核字(2022)第189182号

免责声明

作者和出版商都已尽可能确保本书技术上的准确性以及合理性，并特别声明，不会承担由于使用本出版物中的材料而遭受的任何损伤所直接或间接产生的与个人或团体相关的一切责任、损失或风险。

内 容 提 要

本书以图文详解的形式介绍了丰富的与篮球运动相关的基础知识和训练技巧，旨在为广大篮球爱好者和执教者提供有效参考。本书第 1 章讲解了基本姿势与步法，涉及基本姿势、进攻步法、防守步法等；第 2 章讲解了丰富的以熟悉篮球为目的的球性练习方法；第 3～6 章则重点讲解了传接球、运球、投篮、篮板球等细分技术的基础技术与练习方法；第 7、8 章讲解了团队进攻、防守的基础配合方法和战术；第 9 章则讲解了可以提升篮球水平的体能训练方法，致力于帮助篮球爱好者提升技术水平，帮助篮球教练、体育老师等丰富教学内容，提升教学水平。

◆ 编　　　　刘　硕
　　责任编辑　林振英
　　责任印制　马振武

◆ 人民邮电出版社出版发行　　北京市丰台区成寿寺路 11 号
　　邮编　100164　　电子邮件　315@ptpress.com.cn
　　网址　https://www.ptpress.com.cn
　　固安县铭成印刷有限公司印刷

◆ 开本：700×1000　1/16
　　印张：20.5　　　　　　　　2023 年 5 月第 1 版
　　字数：472 千字　　　　　　2024 年 7 月河北第 4 次印刷

定价：99.80 元

读者服务热线：(010)81055296　印装质量热线：(010)81055316
反盗版热线：(010)81055315
广告经营许可证：京东市监广登字 20170147 号

前言

1891 年，美国的詹姆斯·奈史密斯博士发明了一项可以在冬季开展的体育游戏——篮球运动，至今已有一百多年的历史。同时篮球也是在百年之前就传入我国的球类运动之一，在我国有着广泛的群众基础。如今，现代篮球运动深受世界各国人民的喜爱，是世界上单项体育人口最多的运动项目之一。在我国，从 2008 年北京奥运会到 2019 年国际篮联篮球世界杯的成功举办，这十几年是我国篮球运动高速发展的阶段，但同时我们也看到了我国篮球运动水平与世界篮球强队之间的差距。因此，我们的篮球技术训练必须紧跟世界篮球的发展趋势，运用科学有效的训练方法和手段，来不断提高篮球运动的技战术水平。本书结合现代篮球的运动特点，从基础技术到基础配合，再到常用战术、体能训练等，都进行了讲解，并且图文并茂，提供了大量的高清视频，旨在为广大读者提供更加科学、直观、实用的篮球训练方法。

本书共分为 9 章，包含了基本姿势与步法、球性练习、传接球、运球、投篮、篮板球、团队进攻和防守的基础配合与常用技术，以及篮球专项体能训练等内容。作为一本篮球教学训练指导书，本书包括了篮球运动中的技术、战术和体能三部分，每个部分又分别按照各自的特点进行了详细的介绍。例如技术篇中，针对某一技术，书中会用技术类别和运动员不同能力水平这两种方式进行归纳、介绍，以求通过不同的练习手段掌握篮球基本技术，为高层次的训练打好基础，且方便读者选取不同能力水平的练习；战术篇不仅包括了盯人和联防两个最基本的体系，同时还介绍了比较常见的区域紧逼防守，并提出一些简单有效的应对战术，起到抛砖引玉的作用；体能训练部分，结合篮球专项设计了大量的符合篮球运动特点的体能训练内容，致力于帮助广大读者提升篮球运动水平。

作者作为专业体育院校篮球专职教练，常年工作在教学、训练一线，有丰富的篮球教学、训练经验。本书的撰写过程中拍摄了大量的技战术训练环节的图片和视频，突出了训练的重难点，通俗易懂。另外，读者可以很便捷地通过移动终端随时随地观看训练视频，以快速掌握、运用和提高篮球技术。

由于作者的水平、经验有限，书中难免有不妥之处，敬请广大读者批评指正。

目录

第1章 基本姿势与步法

第2章 球性练习

第3章　传接球

第4章 运球

第5章 投篮

第6章　篮板球

第7章 基础配合与团队进攻

第8章 基础配合与团队防守

第9章 体能训练

扫描右方二维码添加企业微信。

1. 首次添加企业微信，即刻领取免费电子资源。

2. 加入体育爱好者交流群。

3. 不定期获取更多图书、课程、讲座等知识服务产品信息，以及参与直播

互动、在线答疑和与专业导师直接对话的机会。

装备与器材

篮球的分类 ▶▶▶

真皮篮球

表面由天然牛皮等真皮制成，手感柔软，使用寿命较长，价位高，不易保养，有一定的磨合期，适合在贴有木质地板的室内场地使用，常作为比赛用球。

颗粒大，
手感柔软

合成皮篮球

表面多为 PVC、PU 等材质，价位适中，手感与耐磨性兼具，适用于各种场地。但 PVC 材质的篮球使用寿命较短。

有凹凸感，
易抓握

橡胶篮球

表面由普通橡胶或发泡橡胶制成，色彩丰富，设计美观，价位较低，防水耐磨。但其外表光滑，不易掌控，手感较硬，适合在室外场地使用。

颗粒小，
表面光滑

扩展提示

挑选篮球的注意事项

重量要适中

篮球自带一定重量，可选择重量适中的，不宜太沉或太轻。太轻的篮球，投篮时可能会有轻飘感，影响投篮命中率。

材质要斟酌

材质需根据不同的场地和使用习惯进行选择。橡胶篮球适用于室外；合成皮篮球无太多局限，在室内使用更佳；但真皮篮球适用于贴有木质地板的室内场地。

弹性要充足

充足气的篮球从大约 1.8 米的高处自由下落，落到比赛地板上，球回弹的高度应在 0.96 ~ 1.16 米。

表面摩擦力要大

好的篮球，表面摸起来有颗粒感，摩擦力大，手感好，较柔韧，易掌控；而表面光滑的篮球在拍打时不便掌控，易脱手。

篮球架的分类 >>>

随着篮球运动的发展和普及，从专业赛事到家庭娱乐，篮球架的类型越来越多。篮球架根据使用的场合、习惯、人群等不同，大致可分为以下几类。

可移动式篮球架

室内外均可使用，方便灵活，经久耐用，主要有液压篮球架、箱体式移动篮球架。液压篮球架自带液压升降系统，可根据要求上升、下降或移动等，可分为电动液压篮球架、手动液压篮球架及仿液压篮球架等，专业赛事中多采用电动液压篮球架。箱体式移动篮球架多在箱体里装负重物，以保证稳定。

地埋式篮球架

通常用于室外，其安装方式是将篮球架下部埋在地里以进行固定，需要专业人士进行安装，其特点为稳固结实。

壁挂式篮球架

多安装于室内外牢固墙体上，其特点为可携带、易折叠、方便安装和拆卸、经济实用。

篮球场地示意图 >>>

篮球场地分为室内和室外两种类型，呈长方形，场地材质坚实，表面平整无障碍物。

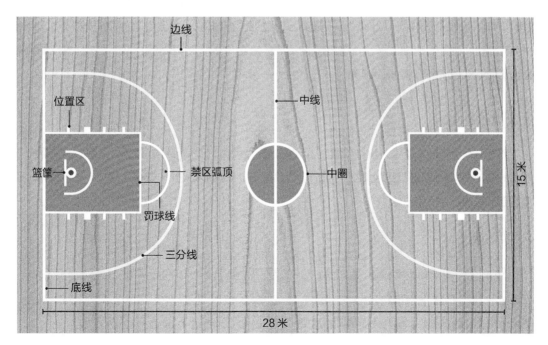

比赛规则

　　篮球规则是指篮球比赛中用于判定输赢、规范行为的各种规定。当今通用的篮球规则是国际篮球联合会制定的 FIBA 官方篮球规则，且处在不断完善中，下面介绍一些基本规则。

比赛方法 》》》

　　篮球比赛有两支球队参加，上场球员，目标是投中对方篮筐得分，同时阻拦对手投中己方篮筐。比赛以跳球开始，即两队各派一名跳球员至中圈，双方跳起触球，当球离开抛球裁判的手时开始计时。篮球比赛由上半时和下半时组成，其中 10 分钟为一节，共 4 节。两个半时之间休息 15 分钟，每个半时的两节之间及每一决胜期之前休息 2 分钟。若在第 4 节结束时，两队得分相同，则举行加时赛，时间为 5 分钟，可多次举行至分出胜负为止。

得分标准 》》》

　　当球从上方投进篮筐，经裁判认可后，即可计分。以三分线为界，在三分线以内区域投中篮筐计 2 分，三分线以外区域投中篮筐计 3 分，罚球投进计 1 分。

替换球员 》》》

　　替补球员申请上场比赛，经裁判认可后，比赛暂停，交换比赛球员，此过程为一次替换。可替换的时机有：当球成死球且停止计时，以及裁判与记录台联系结束时；当最后一次罚球投篮成功，且球成为死球时；在最后一节或每一决胜期结束前的 2 分钟及以内（适用于非得分队）。需注意，替换被取消比赛资格的球员所用的时间不得超过 30 秒。

犯规处理 》》》

　　若一名球员犯规 5 次，其将被取消当场比赛资格，且必须在 30 秒内被替换。注意，当攻守双方各有一名球员同时违反规定侵犯对方身体时，应给每一名犯规球员登记一次侵人犯规，不判罚球，不登记全队犯规。

罚球 》》》

　　罚球，是一种用来处罚犯规队伍，给予另一队得分机会的措施。球员投篮时，无对手阻挡或防守。罚球时，投篮球员需位于罚球线后面的半圆内，由裁判将球交给投篮球员；投篮球员接球后 5 秒内投篮，无假动作；球触篮筐前，投篮球员不可触及罚球线。

常见的犯规 >>>

技术犯规

技术犯规指除了与对方球员接触的其他犯规。球员不应无视裁判员的劝告或运用不正当的行为干扰比赛、侮辱他人、扰乱秩序等。

二次运球

二次运球又称"非法运球"。当球员双手触球或球在一只手或双手中停留时，视为运球结束，球员不得再次运球，只能选择投篮或传球，除非球被另一球员接触。

阻挡

是指阻碍对方持球或非持球球员行进的非法身体接触。

带球撞人

在防守球员已提前站位的情况下，进攻球员在持球过程中运用了不恰当的移动或身体姿势与防守球员发生了躯干部位的身体接触，则进攻球员构成带球撞人。

打手犯规

打手犯规又名"非法用手"，指处于防守位置的防守球员的手或手臂与进攻球员的身体产生接触并对其行进造成干扰。打手犯规是一种常见的犯规。

走步

走步又称"带球走违例"，是指赛场上，持活球球员一脚或双脚违反规则，朝其他方向进行不合规的移动。通常，中枢脚的位置是判定是否走步的重要依据。

常见的违例 >>>

24 秒违例

从一名场上球员触球开始计时，该队必须在 24 秒内尝试投篮，且球必须触及篮筐。值得注意的是，当 24 秒结束时，篮球可能仍在投篮动作结束后的飞行轨迹中，应以投篮结果判定是否违例：若篮球最后触碰篮筐，不算违例且重新开始计时；若篮球未能触碰篮筐，则判违例。

8 秒违例

当场上球员在后场触球时，掌握球权的进攻球队必须在 8 秒内把球运至对方的半场，否则将被判违例。

3 秒违例

掌握球权的进攻球队的队员不得在对方的限制区内停留超过连续的 3 秒。

术语简介

篮球术语是指在篮球比赛中或评论篮球运动时用到的一些专有名词或语句，了解篮球术语有助于更专业地学习篮球运动和观看篮球比赛。

掩护 »»

进攻球员在不犯规的情况下，用身体挡住防守球员的路线，帮助队友摆脱防守，这是一种互相协作的进攻配合。

策应 »»

进攻球员在不正对篮筐的情况下接球后，以自己为枢纽，与外线队友接应进行传接球的战术配合，制造空切、掩护等进攻机会。

扣篮 »»

球员跳起，在空中自上而下将球扣进篮筐，单双手均可。

补篮 »»

当球员投篮不中时，在球落地前，该队球员于空中再次抢到球，并在空中将球成功投进篮筐。

卡位 »»

进攻或防守时，球员利用身体将对手挡在身后，阻止对方行进或抢球等。

补位 »»

当一名防守球员失掉防守位置时，另一名防守球员及时补占正确的防守位置。

空中接力 »»

球员将篮球传给队友，接球球员于空中接球后，用投篮、扣篮等方式将球送进篮筐。

要位

球员抢先占据进攻或防守的位置，继而进行下一步动作，如进攻、投篮、传球或防守等。

突破 ≫

持球球员运球越过防守球员，摆脱防守。

一传 ≫

防守球员获得球后，转为进攻方时的第一次传球。

协防 ≫

防守球员协同队友进行防守。

空切 ≫

进攻球员在非持球状态下进入篮下区域。

盖帽 ≫

进攻球员进行投篮，当球在空中飞行时，防守球员将球打掉，阻止球进入篮筐。

斜插 ≫

球员从边线向篮下或球场中间快速行进，其运动轨迹呈斜线。

时间差 ≫

在投篮时，为了防止对手进行盖帽或抢断，投手在空中稍做停留，改变投篮出手的时间。

换防 ≫

防守球员互相交换防守对象。

第 1 章
基本姿势与步法

Chapter 1

学习基本姿势与步法是学习篮球运动的开始，标准的基本姿势与步法可以为后面学习技术动作打下良好的基础。同时，培养良好的训练习惯，可以降低运动中受伤的风险。

第1章
1.1

基本姿势

作为篮球运动的基础，所有球员都要养成正确且适合快速移动的站位习惯，重点体会姿势变换的感觉，为之后的训练打下扎实的基础。

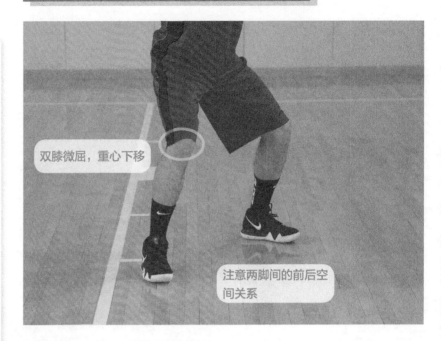

双膝微屈，重心下移

注意两脚间的前后空间关系

惯用脚在前，脚背与后侧脚的大脚趾处于同一条水平线上，脚尖略朝外，这种姿势有利于球员向各种方向移动。

小提示　右图是双脚前后错开姿势的顶部视图。注意双脚错开时摆放的位置。

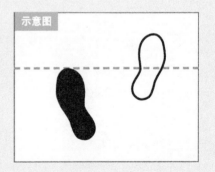

示意图

知识点 🏀

球员可以先双脚并排站立，先确立中枢脚再向前移动跨步，至前脚背到达与后侧脚大脚趾平行的位置，然后外展惯用脚，至双脚与肩同宽。

脚步位置 2：平行姿势 »

基本姿势与步法

球性练习

传接球

运球

投篮

篮板球

基础配合与团队进攻

基础配合与团队防守

体能训练

脚尖略朝外

双脚微微向外展

双脚平行站立，距离大于肩宽，脚尖略朝外。平行姿势有利于球员横向移动。

小提示

右图是平行姿势的顶部视图，站位时需注意使双脚脚趾平齐。

示意图

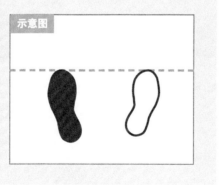

知识点 🏀

站位训练时，球员需要养成均匀分配身体重量的习惯，脚跟踩地。此时，身体大部分重量落在脚掌，若全部重量都落在脚掌，易导致脚跟离地，身体不稳，不利于快速移动。

》》身体基本姿势（非持球）

正视图

双手五指张开

侧视图

头部和膝盖在一条直线上

背部挺直，上半身略前倾，头部不要超伸，与膝盖在同一条直线上。屈膝，双脚间距大于肩宽，重心放低，保持身体稳定，目视前方，观察球的移动路线，随时准备移动接球。

小提示

两臂在身体两侧屈曲，肘关节外展，手指向上自然张开，掌心朝向球，做好朝前伸臂接球的准备。

扫一扫，看视频

>>> 身体基本姿势（持球）

球性练习

传接球

运球

投篮

篮板球

基础配合与团队进攻

基础配合与团队防守

体能训练

正视图

身体和球形成
稳定的三角形

侧视图

在保持上页图片所示的同种身体基本姿势的基础上，双手持球，置于胸前，双腿屈膝，躯干保持稳定。
注意肩膀、肘部、膝盖等关节不要锁死，保持可灵活运动的状态。

小提示

持球时，五指打开，掌心对立，指尖朝上，牢牢握球，头部呈中立位。熟练掌握此姿势，为准确传球打下坚实的基础。

扫一扫，看视频

防守基本姿势 »

»»» 防守基本姿势

双臂打开，呈高低位，微屈外展。高位手可拦截对手投篮或传球，低位手可阻拦对手变向运球或传球。加大双脚间距，屈髋屈膝使重心处于低位，保持身体稳定。

»»» 防守基本姿势（对手开始运球时）

防守姿势应随对手的运动变化而变化。双臂外展，以防对手从身体两侧传球或突破。正面迎向对手，双脚平行站立，脚尖略朝外，这样有利于靠近对手，让身体处于随时可移动的防守状态。

小提示 防守时，球员应使双臂始终处于打开状态，同时时刻紧盯对手。球员可适时挥动双臂，干扰对手，使对手有一定的心理压力，因为在高压状态下对手更易犯错。

知识点 🏀
后背挺直，保持重心落在整个脚部；屈髋屈膝，保持身体的灵活性，以便从容应对对手的姿势转换。

扫一扫，看视频

三威胁 »

正视图

侧视图

挺直躯干

三威胁是一个基础且重要的持球姿势，后续可转成投篮、运球及传球 3 个动作。惯用手持球，辅助手在球侧，置球于腰前一侧。双脚脚尖略朝外，间距略大于肩宽，屈髋屈膝以放低重心，使身体处于可迅速移动的状态。

常见问题和纠正方法

NO
问题

身体过于前倾，持球位置过高，球与身体的间距过宽。

YES
纠正

躯干挺直，膝关节微屈，不超过脚尖，置球于腰前一侧，正视前方，重心均匀分布在双脚。

持球位置过高

扫一扫，看视频

基本姿势与步法

球性练习

传接球

运球

投篮

篮板球

基础配合与团队进攻

基础配合与团队防守

体能训练

进攻步法

标准的进攻步法是提升进攻技术水平的基础，对球员乃至整个球队的进攻来说都非常重要。形成良好的进攻步法，球员在进攻时才能抓准时机，准确判断如何移动，以创造机会、摆脱防守、展开进攻等。

01 准备两个锥桶，设定好距离。屈髋屈膝以降低身体重心，上半身略微前倾，双手持球于腰前一侧，呈准备姿势。

02 采用控制性运球方式慢速前进，至触摸第一个锥桶。

知识点 🏀

变速运球的特点是运球过程中球员迅速改变球速和节奏，从而可以迷惑或摆脱对方的防守球员，球员主要在控制性运球和快速推进运球这两种方式之间切换。熟练后，可增加锥桶数量进行加强训练，跑动范围可延伸至中线。

基本姿势与步法

球性练习

传接球

运球

投篮

篮板球

基础配合与团队进攻

基础配合与团队防守

体能训练

03 经过第一个锥桶后,加大步幅,提高速度,转为快速推进运球。

04 即将到达第二个锥桶时转为控制性运球,随即触碰第二个锥桶。

小提示 控制性运球即慢速运球,快速推进运球即快速运球。加速时,注意脚部蹬地发力,加大步幅以利于推球前进;突然降速时,球不易掌控,需多加练习。训练过程中,确保速度有明显变化。掉头返回时,可换手运球,重复变速练习。

扫一扫,看视频

01 跑步向前，一侧腿屈膝并向前跨一步，同侧手屈肘向前。

02 另一侧腿屈膝向前跨出一步撑地，同侧手屈肘向前，双臂微屈，五指张开。

03 以上一步跨出的脚为轴，后侧腿外展并朝前跨一大步，带动身体改变朝向，重心转移至该侧脚上，同侧手转至新方向。

小提示

变向是一个重要的基础动作，球员通过突然快速切换方向的方式迷惑对手。变向时，跨步屈膝，使身体保持稳定，前脚掌内侧用力蹬地，另一只脚迅速朝变向方向迈出一步。

扫一扫，看视频

跳步急停 »

01 身体前倾，手臂屈曲朝前，前脚撑地，后脚前脚掌着地，呈起跳姿势。

02 集中注意力，观察来球方向，找准时机，以前脚起跳，在空中接球后双脚同时落地。

03 落地时双腿屈膝，双脚平行站立，间距约与肩同宽。

知识点 🏀

急停技术有跳步急停和跨步急停两种，为基本动作，有助于球员保持身体平衡，快速开始下一个动作。

扫一扫，看视频

基本姿势与步法

球性练习

传接球

运球

投篮

篮板球

基础配合与团队进攻

基础配合与团队防守

体能训练

跨步脚

跨出一步

01 模拟跑动状态，双脚一前一后摆放，观察来球方向，集中注意力，准备接球。

02 跨步脚朝来球方向跨出一步，后脚随即抬起，同时双手朝前接球。

知识点 🏀

练习跨步急停时，跨步幅度要大，注意屈膝保持身体平衡，落地时尽量降低重心。

03 双脚均着地后，屈膝保持身体稳定，并迅速开始下一个动作。

扫一扫，看视频

90 度前转和 90 度后转 »

»» 90 度前转

上半身不要左右晃动

01 屈髋屈膝，呈三威胁姿势。

02 以左脚为中枢脚，抬起右脚脚跟，身体向前转动 90 度，双脚同时旋转，脚尖朝向新方向。

03 右脚向前跨一步，至双脚平行，屈膝站立。

»» 90 度后转

01 屈髋屈膝，呈三威胁姿势。

02 以左脚为中枢脚，右脚带动身体向后转动 90 度。双脚朝向新方向。

03 至双脚平行，屈膝站立。

基本姿势与步法

球性练习

传接球

运球

投篮

篮板球

基础配合与团队进攻

基础配合与团队防守

体能训练

»»» 180 度前转

01 屈髋屈膝，呈三威胁姿势。

02 以左脚为中枢脚撑地，抬右脚，向前转动身体，双脚随之转动。

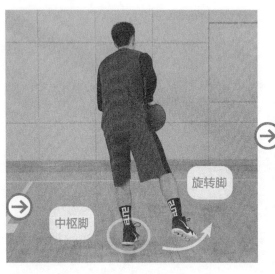 

旋转脚

中枢脚

03 旋转过程中，右脚尽量不着地。

04 至身体旋转 180 度后，右脚落地，双脚平行，屈膝站立。

 小提示

与 90 度前转相比，180 度前转加大了旋转角度，当速度加快时，注意保持身体平衡。180 度前转对爆发力有一定的要求。

>>> 180 度后转

01 屈髋屈膝，呈三威胁姿势。

旋转脚

中枢脚

02 以右脚为中枢脚撑地，抬起左脚，向后转动身体，双脚随之转动。

03 旋转过程中，左脚尽量不着地。

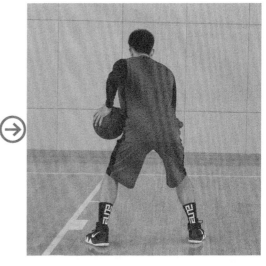

04 至身体旋转 180 度后，左脚落地，双脚平行，屈膝站立。

小提示 此动作给保持身体平衡及稳定增加了难度。练习时，重心置于中枢脚上，另一侧脚由脚跟过渡至脚掌发力，带动身体旋转。

基本姿势与步法

球性练习

传接球

运球

投篮

篮板球

基础配合与团队进攻

基础配合与团队防守

体能训练

五指张开

双脚用力蹬地

01

观察篮筐，屈膝，将重心放在前脚掌上，双臂后摆，呈起跳姿势。

02

向上摆臂，双脚用力蹬地，跳离地面，使身体呈向上跃起的状态。

03

尽量向上跳跃，充分伸展，双臂举过头顶，五指张开，模拟篮下接球、投篮的动作。

小提示　双脚尽量保持平行，落地时保持平稳。此动作常用于在篮下抢篮板球，可多练习连续双脚起跳。

腿部动作

扫一扫，看视频

基本姿势与步法

球性练习

传接球

运球

投篮

篮板球

基础配合与团队进攻

基础配合与团队防守

体能训练

单脚起跳 »

大腿平行于地面

01 跑步向前，身体呈起跳姿势，双腿屈膝，一前一后错开，双手后摆。

02 前脚用力蹬地，身体向正上方跃起，后腿迅速抬起至大腿与地面平行。双臂向上打开，五指张开，模拟上篮、盖帽的动作。

更多展示

扫一扫，看视频

防守步法

对于防守来说，熟练的步法尤其重要，需要防守球员根据对手动作迅速做出反应，考验球员身体的平衡力和控制力。本节将介绍有关防守的基本步法。

滑步 »

01 屈膝，重心降低，双臂张开，两手五指张开，呈防守基本姿势。

更多展示

基本姿势与步法

球性练习

传接球

运球

投篮

篮板球

基础配合与团队进攻

基础配合与团队防守

体能训练

转移重心至迈步脚

向迈步脚靠近

02 双臂保持张开，一侧脚向目标方向迈出。另一侧脚滑动靠近，至两脚间距不小于肩宽，两脚不宜靠太近。

03 恢复起始姿势，左右两侧轮换练习。

知识点 🏀

当对手短距离快速移动时，可采用滑步来进行快速横向移动。左右两侧都需要练习，要点一致。

练习时可想象对面有持球球员，双臂张开，可上下挥动，防止对手运球或传球。

小提示 滑步移动过程中两腿不要并拢或交叉，重心要向迈步脚转移，保持上半身稳定。

扫一扫，看视频

上半身保持稳定

01 屈髋屈膝，降低重心，打开双臂，呈防守基本姿势。

02 身体往移动方向（右侧）侧倾，重心转移至右腿上，右腿加大屈膝角度，稳定撑地。

全脚掌着地

知识点

交叉步适用于距离较远的跑动防守，移动方向应随对方的运动变化而变化，同时球员需注意重心的转换，集中注意力观察，学会预判进而展开防守。

03 左脚越过右脚向前跨一大步，然后右脚从后侧快速向前跨一大步，恢复至起始姿势。

扫一扫，看视频

小碎步 »

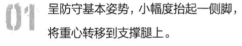

01 呈防守基本姿势，小幅度抬起一侧脚，将重心转移到支撑腿上。

02 抬起的脚落地，迅速将对侧脚抬起，注意动作幅度不要过大，上半身不要来回晃动。双脚交替快速踏步，反复练习。

知识点

小碎步主要通过快速踏步的方式，使身体处于活动的状态，便于根据对手的动作而快速移动，同时双手可适时挥动，以干扰对手进攻。

小提示 小碎步练习时，上半身不要来回晃动，以免重心不稳，扭伤脚踝。整个过程中保持屈膝的低重心姿势，重心在两腿间移动。

扫一扫，看视频

基本姿势与步法

球性练习

传接球

运球

投篮

篮板球

基础配合与团队进攻

基础配合与团队防守

体能训练

步法练习

良好的步法是所有篮球技术的基础，所有球员都要学习并加强练习正确的步法。熟练扎实的步法基础使球员能在运动中更好地控制身体，使动作更高效、更迅速、更稳定。

三分线滑动 »

双臂上下摆动

01 球员站在三分线上，呈防守基本姿势。

02 右脚沿着三分线迈出一大步，左脚跟着一起移动。

03 注意两脚始终不要并拢，在双脚落地的同时右脚再次迈出一大步。

04 全程挺直躯干，依照上述步骤沿着三分线反复练习。

小提示

三分线滑动的动作要领与滑步一致，滑动过程中视线需追随对方的运球球员，双臂上下摆动，模拟阻止对方传球或投篮。

扫一扫，看视频

圆圈滑步 »

01 两人在中圈线上面对面站立，呈防守基本姿势。

02 两人沿着中圈线进行滑步练习，双方始终处于面对面的状态。

03 按照上述步骤进行不同方向的练习。

04 滑步过程中，双腿屈膝，重心放低，身体保持稳定。

小提示 练习时集中注意力，紧盯对方移动的轨迹并与对方保持一定距离，模拟持球状态下躲避防守，避免被抢断。

扫一扫，看视频

基本姿势与步法

球性练习

传接球

运球

投篮

篮板球

基础配合与团队进攻

基础配合与团队防守

体能训练

01 在限制区与底线的右侧交点，呈防守基本姿势。

02 沿着底线向左侧进行滑步练习，移至左侧交点。

05 以右脚为中枢脚，左脚向前跨一大步至与右脚平行，沿着罚球线继续进行滑步运动。按照右侧的箱子滑步轨迹示意图完成练习。

小提示 在转换方向时，在自身能力范围内可增大旋转脚的跨度，注意把握动作转换时的流畅度和节奏感。

03 以左脚为中枢脚，向前抬起右脚旋转 45 度，双脚朝向新方向。

04 沿着对角线进行滑步练习，运动至对角线顶点。

知识点 🏀

练习箱子移动的目的主要是灵活掌握各种步法，练习者可以结合多种步法进行防守移动练习。

路线示意图

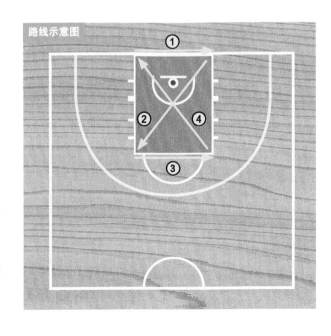

扫一扫，看视频

基本姿势与步法

球性练习

传接球

运球

投篮

篮板球

基础配合与团队进攻

基础配合与团队防守

体能训练

第 2 章
球性练习

球性影响着球员对篮球的感应力和掌控力，是篮球运动的一项基本功。大量的球性练习，有益于球员特别是初学者培养球感，进一步熟悉篮球在运动中所展现的弹性、速度、力量等特性及其变化。本章将介绍如何进行正确的球性练习，以提高球员在运球、传球、投篮等技术中对球的控制程度和运用程度。

球的移动

本节将介绍篮球在身体不同位置移动时的基本动作，这些动作在实战中可用于躲避防守球员的抢断。球员需反复练习，以提高动作的流畅度，加强动作的节奏感。当运球姿势发生变化时，注意体会重心的改变。

胯－耳－胯 》

 双腿屈膝，呈三威胁姿势，将球置于一侧腰前。

 双手屈肘持球向上抬，将球从腰前垂直向上移至同侧耳朵下方。

常见问题和纠正方法

NO 问题 球距离身体太近或太远，身体随着球的移动而晃动，重心不稳。

YES 纠正 双腿屈膝，降低重心，收紧核心，上半身不要晃，球与身体应保持约一拳的距离。

球左右移动

上半身不要左右晃动

03 将球平行移动至另一侧耳朵下方，同时上下手交换位置。

04 将球垂直向下移至该侧腰间按照上述步骤重复练习。

基本姿势与步法

球性练习

传接球

运球

投篮

篮板球

基础配合与团队进攻

基础配合与团队防守

体能训练

小提示 控制球的移动是球性练习的一部分，注意双手持球切换到上下左右 4 个方位时，躯干始终保持稳定，身体不随球左右晃动。实战中，持球球员经常会面临防守球员近距离的抢夺，所以熟练掌握持球移动的方法是非常有必要的，以防止被抢断。

扫一扫，看视频

重心转移至右腿

01 双腿屈膝，呈三威胁姿势，双手持球置于右胯前方。

02 右脚向前跨一大步，带动身体向左侧前倾，同时将球移至左膝前方。

05 双手持球举过头顶，右脚及身体返回原位，再迅速将球放至原位。

06 恢复起始姿势，按要求重复练习。

与胯部齐平

03 右脚原路返回，恢复起始姿势。

04 起身，右脚向前跨一大步，带动身体向左侧转动，同时双手持球至左耳旁。

知识点 🏀

此动作在篮球运动中常用于切换运球方向，以躲避对手的干扰和抢断，避免失球。当篮球位置不断变化时，身体重心也应随之变化，以保持身体稳定。

小提示

在练习中（如果是实战，讲究的是灵活应对）切换动作时，需要恢复至起始姿势再做下个动作，注意每个动作的完整性与流畅性。

扫一扫，看视频

基本姿势与步法

球性练习

传接球

运球

投篮

篮板球

基础配合与团队进攻

基础配合与团队防守

体能训练

背部挺直

重心转移至左脚

01 双脚间距适当拉大，双腿屈膝，呈半坐立姿势，双手持球置于右膝旁。

02 快速将球平行移至左膝旁，背部挺直，头部保持中立位。

知识点 🏀

此动作主要训练球员在身体两侧灵活控球。实战中，球员可运用此动作来摆脱对方的防守，通过快速变换球的位置，防止球被对方抢断，以便进行后续的传球或投篮。

03 随后挺直身体，抬起双臂将球举过头顶。恢复起始姿势，按上述步骤进行方向相反的练习。

基本姿势与步法

球性练习

传接球

运球

投篮

篮板球

基础配合与团队进攻

基础配合与团队防守

体能训练

第2章

2.2

盘球与绕球

盘球与绕球是一项常见的球性基础练习，主要锻炼手部对球的掌控力。注意盘球与绕球时，双手需交替持球，手腕需保持灵活。

颈部绕球 »

01 双腿屈膝，双手持球，置于胸前。

向头部后方移动

02 由右手持球，将球从右侧运至头部后方。

03 当球运至头部后方时，左手接球。

向胸前移动

04 左手将球运至胸前，右手接球，重复练习。

小提示 此动作需要按顺时针、逆时针交替进行练习，可逐渐加快速度。

扫一扫，看视频

01 双腿屈膝，双手持球，置于腹部正前方。

02 右手持球。

更多展示

掌心向上

03 将球移至腰部正后方，左手接球。

04 左手持球，将球移至腰部正前方，然后右手接球，重复练习。

知识点 🏀

与颈部绕球一样，此动作需要按顺时针、逆时针交替进行练习，过程中可逐渐提升运球速度。注意保持身体稳定，不随球的运转而前后晃动。向后运球时，接球手迅速去持球，注意加强手腕的灵活性练习。

小提示 练习时五指张开，控制好球。接球时，动作要快、准，保持球快速传递，球尽量不与身体碰触，保持一定距离。

扫一扫，看视频

基本姿势与步法

球性练习

传接球

运球

投篮

篮板球

基础配合与团队进攻

基础配合与团队防守

体能训练

01 双腿屈膝，降低重心，上半身前倾，双手持球置于双膝前方。

02 右手持球，准备将球运至右后方。

05 左手持球，将球运至双膝前方，右手接球，继续练习。

06 注意整套动作应连贯，不要停顿，最后回到起始姿势。

03 右手掌心向上，将球运至双膝正后方。

04 左手向后移动，于双膝正后方迅速接球。

基本姿势与步法

球性练习

传接球

运球

投篮

篮板球

基础配合与团队进攻

基础配合与团队防守

体能训练

知识点 🏀

此动作也需按顺时针、逆时针交替练习。全程注意双腿屈膝，尽量降低重心，身体保持稳定，不随球的运转而大幅晃动。尽量让球与腿部保持一定距离。

小提示

腿部绕球是由双手配合，交替持球，使球绕双膝 360 度运转。当球运至后方时，手指要张开，抓住球的侧面，感受球的大小并抓牢它。

扫一扫，看视频

五指张开

指尖拨球

01 俯身屈膝，右脚在前，左脚在后，双脚呈前后站位。球位于身体右侧，右手指尖触球。

02 以右脚为轴，右手指尖向右脚后方拨球。

更多展示

03 待球移至右脚正后方，左手指尖触球。

04 左手指尖向右脚前方拨球，继续练习。

知识点

单脚盘球是由双手指尖交替拨球，使球绕脚部360度运转。注意调节五指拨球的速度，使球朝既定的方向运转。尽量让球与腿部保持一定距离。

小提示

此训练可左右脚交替进行，两侧盘球要点一致，注意要用指尖拨球而不是用手掌运球，感受指腹施力控制球的感觉。

扫一扫，看视频

基本姿势与步法

球性练习

传接球

运球

投篮

篮板球

基础配合与团队进攻

基础配合与团队防守

体能训练

01 双脚呈平行姿势站位，球置于右脚左前方，俯身，右手指尖触球。

02 依照横向的数字"8"的路线，右手指尖拨球，使球绕过右脚脚尖向后运转。

05 让球从左脚脚跟移至双脚中间，即大约是数字"8"的交叉点。

06 换右手指尖控球，此时，球的路线形成了一个完整的数字"8"的形状。

03 当球从右脚脚跟移至双脚中间，即"8"的交叉点时，换左手指尖控球。

04 左手指尖拨球，使球从左前方绕过左脚脚尖向后运转。

知识点

8字盘球是由双手指尖交替拨球，使球绕双脚按数字"8"的路线运转。注意控制球的移动速度，使球按既定路线运转。

小提示

当球移动至脚跟时，可用指尖轻推球向前，使对侧手能于双脚间顺利控球。全程屈膝，身体保持稳定，不因球移动而大幅度晃动。此动作可多加练习，以提高手腕的灵活性，这有助于掌控运动中的球。

扫一扫，看视频

基本姿势与步法

球性练习

传接球

运球

投篮

篮板球

基础配合与团队进攻

基础配合与团队防守

体能训练

01 双手持球置于双腿间，两脚呈平行姿势站位，间距略宽于肩。

02 俯身，右手持球，将球穿过两腿间，并运至左膝后侧，随即左手接球。

更多展示

基本姿势与步法

球性练习

传接球

运球

投篮

篮板球

基础配合与团队进攻

基础配合与团队防守

体能训练

03 左手向前运球，绕过左膝，穿过两腿间，将球运至右膝后侧，右手接球。

04 绕过右膝后继续左膝运球。

知识点 🏀

此动作需按顺时针、逆时针方向交替练习，可逐渐加快运球速度。重复练习以增强手部对球的掌控力，至双手可于两腿间灵活传球。在躲避对方的防守时，可利用此动作将球护在腿后，以便展开下一步进攻。

小提示

胯下绕球是一个进阶动作，是篮球运动基础的球性练习之一。该动作十分考验手部的控球力，使球在双膝间按数字"8"的形状穿梭，同时也能提升身体的敏捷性。

扫一扫，看视频

01 双脚呈平行姿势站位，球位于身体右侧，右手指尖触球。

02 右手指尖向后拨球，使球移动至两腿间。

更多展示

03 换左手指尖拨球，使球继续向左前方移动，绕过左脚脚尖至左侧踝关节外侧。

04 继续拨球，使球按字母"S"形路线返回。

知识点

S形盘球也是篮球训练的热身项目之一，是由双手指尖交替拨球，使球绕双脚按字母"S"形路线运转。通过在地面移动篮球，球员可以锻炼手臂及手指的控球能力。

小提示
练习该动作时可逐渐加快拨球速度，注意保持篮球与双脚的距离，尝试不看球拨球，重点体会手指拨球时的感觉，提高手部控球能力。

扫一扫，看视频

基本姿势与步法

球性练习

传接球

运球

投篮

篮板球

基础配合与团队进攻

基础配合与团队防守

体能训练

01 双腿屈膝，双手持球置于身前。

02 右手持球，使球从右侧向身后移动。

左手练习

左手持球

形成抛物线

基本姿势与步法

球性练习

传接球

运球

投篮

篮板球

基础配合与团队进攻

基础配合与团队防守

体能训练

03 当球运至右侧腰后时，屈曲右手腕关节，手部发力，将球抛向对侧肩部上方。

04 当球下落时，可稍微侧身，便于左手外展接球。

知识点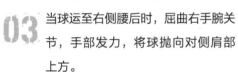

为了熟练掌握抛球的技巧，球员可在最初练习时多观察球上抛后形成的弧线和球的落点，训练巧用手腕。随着抛球技巧逐渐熟练，球员训练时可不看球，以培养抛接球的手感和球感。

小提示 此动作左右手都需加强练习，且要点一致。向后传球时，可以腰为轴进行移动，注意抛球的高度需高于肩部。

扫一扫，看视频

从背后向
肩头抛球

01 右手持球，双腿屈膝，两脚呈平行姿势
站位。

02 右手向后运球，屈曲右手腕关节，手部
发力，将球抛向对侧肩部上方。

05 左手五指张开，掌心朝上，稳稳地托住球。

06 左手腕关节发力，将球抛回右手。

03 球落至左肩位置时，左手掌心向上准备接球。

04 当球从左肩位置下落时，可稍微侧身，便于左手外展接球。

稍微侧身

07 右手接球。

小提示

此动作常用于实战中的传球或过人技术。训练时，球上抛后形成的抛物线最高点应该在对侧肩部，而不是头顶。左右两侧皆需练习。

扫一扫，看视频

基本姿势与步法

球性练习

传接球

运球

投篮

篮板球

基础配合与团队进攻

基础配合与团队防守

体能训练

01 双手持球于胸前，双腿自然站立，两脚间距宽于肩。

02 右手持球，抬臂，准备从右耳侧开始运球绕颈部一周。

05 右手持球向后移动，准备运球绕腰部一周。

06 当球运至腰部正后方时，左手于背后接球。

基本姿势与步法

球性练习

传接球

运球

投篮

篮板球

基础配合与团队进攻

基础配合与团队防守

体能训练

03 当球运至头部正后方时，左手向后接球。

04 左手持球向前运转。当球运至腰部正前方时，双手同时持球。绕头一周结束。

07 左手持球向前移动，当球运至腰部正前方时，绕腰一周结束。

小提示

颈部转腰部绕球是由双手交替运球绕头部一周，再绕腰部一周，其综合了颈部绕球和腰部绕球的动作要领。注意绕球部位切换时，要保持运球，动作要连贯、流畅。重复练习可增强身体的灵活性。

扫一扫，看视频

01 双手持球于腹部正前方，身体自然站立。

02 右手持球，从腰部右侧向身后运球，准备绕腰部一周。

05 右手持球，抬臂运球至头部右侧。

06 当球运至头部正后方时左手接球，继续向前运球。

基本姿势与步法

球性练习

传接球

运球

投篮

篮板球

基础配合与团队进攻

基础配合与团队防守

体能训练

03 当球运至腰后正中间时，左手在背后接球，然后继续向前运球。

04 运球至体前，双手持球，恢复起始姿势。

07 完成绕头部一周动作。

小提示

后背转头部绕球是由双手交替将球绕腰一周，再绕头部一周。此动作主要训练球在上半身范围内朝上移动时，手部对球的掌控力。注意运球速度应由慢至快，反复进行绕球练习。

扫一扫，看视频

053

01 双手持球于腹部正前方，身体自然站立。

02 右手持球，从腰部右侧向身后运球，准备绕腰部一周。

05 右手持球，以双膝为轴，向右后方运球。

06 当球运至双膝正后方时，左手接球。

基本姿势与步法

球性练习

传接球

运球

投篮

篮板球

基础配合与团队进攻

基础配合与团队防守

体能训练

03 当球运至腰后正中间时，左手接球，继续向前运球至腰前，然后双手持球。

屈膝半蹲

04 双腿屈膝半蹲，降低身体重心，将球降至双膝正前方。

球始终与身体保持一定距离

小提示

腰部转腿部绕球是由双手交替运球绕腰部一周，再绕双膝一周，其综合了腰部绕球和腿部绕球的动作要领。当球绕腰部一周后，注意身体重心的下移。全程始终保持运球的节奏感与连贯性。

扫一扫，看视频

07 左手继续向前运球至双膝正前方，然后双手持球，完成绕双膝一周动作。

01 屈膝，双脚开立，上半身前倾，双手持球于双膝正前方。

02 右手持球，以双膝为轴，向右后方运球。

05 起身，右手持球，以腰为轴，向后运球。

06 当球运至腰后正中间时，左手接球，继续向前运球。

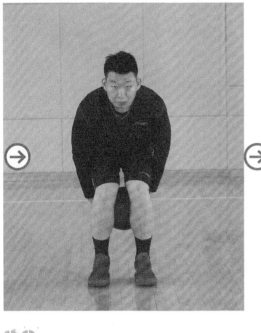

03 当球运至双膝正后方时，左手接球。

04 向前运球至双膝正前方，然后双手持球，完成绕腿部一周动作。

小提示

腿部转腰部绕球是先进行腿部绕球再进行腰部绕球。练习此动作时需先屈膝再起身，重心也随之变化，注意手部动作与身体起伏变化时的协调性。

07 运球至腹部正前方，然后双手持球，完成绕腰部一周运动。

扫一扫，看视频

基本姿势与步法

球性练习

传接球

运球

投篮

篮板球

基础配合与团队进攻

基础配合与团队防守

体能训练

01 双手持球于胸前，双脚开立，与肩同宽。右手持球，从头部右侧开始运球。当球运至头部后方时，左手接球后向胸前运球。当球运至胸前时，右手接球。完成一次颈部绕球。

03 双手持球，双腿屈膝，降低重心，球置于双膝前方，进行一次膝部绕球，最后双手持球，全套动作完成。

02 右手持球，从腰部右侧开始运球。左手于腰部正后方接球，然后朝前运球至腹部前方，完成一次腰部绕球。

知识点 🏀

快速全身绕球是一项综合性绕球练习，全套动作由颈部绕球、腰部绕球及膝部绕球组成。此项练习除了要求保持每个盘球动作的完整性，还要求加快速度，使全套动作流畅、连贯并富有节奏感。

小提示 练习时，注意体会五指张开控球和运球时手腕的发力技巧，并逐渐加快绕球速度，即使过程中掉球也不要气馁，重复练习有助于增强球感。单手持球在身后运球时，手腕内扣，掌心朝上托住球的底部，球尽量不要碰触身体。

扫一扫，看视频

基本姿势与步法

球性练习

传接球

运球

投篮

篮板球

基础配合与团队进攻

基础配合与团队防守

体能训练

熟悉运球

运球是一项基本功。大量的运球练习有助于球员更熟悉篮球的特性，形成正确、稳定的拍球、运球等掌握球的方式。

原地单手拍球 »

屈膝，降低重心

01
以三威胁姿势持球，双腿屈曲，降低重心，准备拍球时，右手掌心朝下，指尖触球。

02
双手五指张开、微屈，伸展右臂，右手腕关节发力，用手指与指尖对球施力，左手呈护球状态。球回弹时，右手五指尽可能张开控球，再往下施力拍球。

小提示
拍球是一项必备技能，双手都需要掌握并提升该项技能，左右手要点一致，尤其是非惯用手更需要多加练习。双手熟练掌握拍球技能，可以为进攻创造更多的机会。

左手拍球　　　　右手于体前护球

常见问题和纠正方法

拍球时看球，用手掌拍球。

保持抬头，目视前方，模拟观察赛场状况的情景。感受手腕发力和手指对球的控制，匀速有力地拍球，使球的落点尽量保持在同一位置，直至感觉球像粘在手上一般。

知识点 🏀

在平常的训练中，注意提高非惯用手的拍球技能。无论用哪只手拍球，都要记得用非持球手护球，防止被对手干扰。实战中，持球球员会用身体来保护球，用行进方向的同侧手运球，如向右走则用右手运球。如果一名球员只习惯用某一侧手运球，那他极有可能在需要用非惯用手进攻时丢失机会。

扫一扫，看视频

基本姿势与步法

球性练习

传接球

运球

投篮

篮板球

基础配合与团队进攻

基础配合与团队防守

体能训练

手臂不要过度抬高

01 双臂屈肘外展，单手持球，掌心向上托住球。

02 持球手屈曲腕关节发力将球抛向对侧手，球在空中形成一条抛物线。

知识点 🏀

抛球时，腕关节屈曲向上发力，指尖可以体会到球的脱离。训练初期，可观察球的运动路线，及时调整抛球的力度与高度；熟练后，需不看球抛接球。全程身体保持稳定，不随抛接球的动作而晃动。

03 对侧手接球，左右手交替进行。

扫一扫，看视频

双手交替运球 »

基本姿势与步法

球性练习

传接球

运球

投篮

篮板球

基础配合与团队进攻

基础配合与团队防守

体能训练

01 以三威胁姿势持球，右臂大幅外展，准备将球拍击至身体前侧。

球触地后向对侧反弹

02 手腕发力，往左下方拍球，使球在身体正前方击地，球触地后向左侧反弹。

接球后，手臂外展至近乎伸直

03 左臂大幅外展，顺势接球，再将球拍向身体正前方。两侧交替进行。

知识点 🏀

双手交替运球是一个基础练习，能优化手腕发力的力度与角度，使运球富有节奏感。注意要保持手腕的力度和球反弹角度的稳定，这样才能很好地将此动作应用于实战，以躲避对方的防守。

扫一扫，看视频

熟悉转移球

本节主要训练手腕的发力技巧，能有效锻炼球员的快速反应能力，形成一定的球感。训练时，要反复不断地快速练习，集中注意力，避免掉球。

01 身体自然站立，两臂向前伸直，双手掌心相对，指尖持球。

02 五指张开，右手持球，屈曲指关节，指腹和指尖蓄力，向左手拨球。

03 当球移至左侧时，左手指尖接球并向对侧拨球，左右交替进行。

小提示

两手拨球的速度较慢时，可能需要掌心朝上持球以稳住球，此时尽可能用手指控球，感受指尖与指腹的控制力。

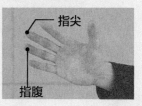

指尖

指腹

扫一扫，看视频

身前抛接球，身后击掌 »

01 双手持球于胸前，身体自然站立。

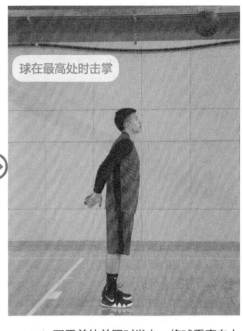

球在最高处时击掌

02 双手前伸并同时发力，将球垂直向上抛出，在抛出的瞬间双手向后伸展，在身后击掌 1~3 次。

常见问题和纠正方法

NO 问题 球抛得过前或过后，过高或过低，导致接球时距离估算错误，需移动身体去接球。

YES 纠正 反复练习以找到手腕发力的感觉，将球垂直上抛，对抛球高度做到心中有数，原地及时接球。

双手同时接球

03 击掌后，双手迅速返回身前，于半空中接球。

扫一扫，看视频

基本姿势与步法

球性练习

传接球

运球

投篮

篮板球

基础配合与团队进攻

基础配合与团队防守

体能训练

 双手持球于身前，身体自然站立。

 双手前伸并同时发力，将球垂直向上抛出。

常见问题和纠正方法

NO 问题 接球动作慌乱，没接住球。

YES 纠正 转身时如圆规般原地转半圈，注意身体保持平衡，不要晃动。可在练习初期观察球的路线，估算球的下落时间，这样有助于提高接球的准确率。

转身后接球

中枢脚

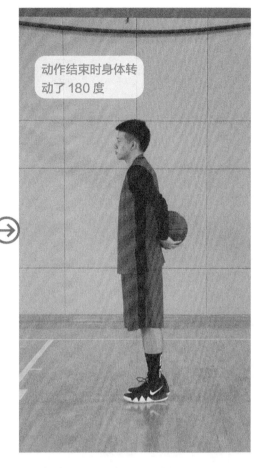

动作结束时身体转动了 180 度

基本姿势与步法

球性练习

传接球

运球

投篮

篮板球

基础配合与团队进攻

基础配合与团队防守

体能训练

03 在抛球的瞬间，以左脚为中枢脚，右脚离地，使身体向前旋转 180 度，同时应及时调整双脚的位置，左脚向左来到转身前右脚站立的位置，同时双手在背后接球。

04 右脚跟随，双脚平行站立，身体朝向新方向。左右两侧交替进行。

小提示 此动作主要提升手腕的力量和灵活性，增强身体的协调性和平衡性。重点体会手腕的发力技巧，注意抛球的高度与力度，不要将球抛得过前或过后。

扫一扫，看视频

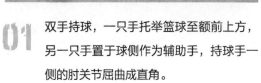

屈肘 90 度

01 双手持球，一只手托举篮球至额前上方，另一只手置于球侧作为辅助手，持球手一侧的肘关节屈曲成直角。

02 两臂伸直，持球手手腕屈曲向上发力，将球垂直抛出，下压手腕使球后旋飞出。

知识点 🏀

练好单手头上抛接球动作，可以为之后的投篮练习打好基础。该动作对空间大小要求不高，可帮助球员经过多次练习形成正确的投篮手型，增强手感。

基本姿势与步法

球性练习

传接球

运球

投篮

篮板球

基础配合与团队进攻

基础配合与团队防守

体能训练

更多展示

常见问题和纠正方法

NO
问题
将球抛得过前或过后，需移动身体接球。

YES
纠正
持球时挺直背部，抛球时身体不要过度前倾，要保持稳定，原地接球。重点感受持球手的手腕发力，并根据球的运动路线，调整力度和发力的角度。

03 当球下落时，两臂屈肘接球，恢复起始姿势。

小提示
单手头上抛接球仅需要持球手发力控制球的抛接，另一只手作为辅助手，无须发力。

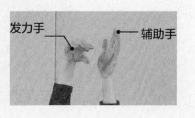
发力手　　　　辅助手

扫一扫，看视频

单手向上挑球 »

01 单手持球，持球手前伸，肘关节不要锁死，另一只手自然下垂。

02 持球手轻微抬起，手腕屈曲向上发力挑球，球的高度要超过头顶。保持身体稳定，球回落时，用同侧手接住。

小提示 向上挑球时，手指迅速上收施力，尽量使球垂直向上运动，眼睛注意观察球的下落轨迹，避免失球。全程保持身体稳定，仅抛接球手移动。

扫一扫，看视频

双手向上挑球 »

基本姿势与步法

球性练习

传接球

运球

投篮

篮板球

基础配合与团队进攻

基础配合与团队防守

体能训练

两臂不要完全伸直

球垂直向上运动

01 两臂前伸，肘关节不要锁死，双手持球于胸前。

02 两臂轻微抬起，双手手腕屈曲向上发力挑球，球的高度要超过头顶。保持身体稳定，球回落时，双手于原位接住。

小提示 挑球时，双手同时均匀用力，注意观察球的运动方向。球的运动路线尽量垂直，反复练习可提高手腕的力量和手指的控球力。

扫一扫，看视频

第 3 章
传接球

篮球是一项多人合作的运动。传接球是篮球运动中的基础合作技术，即一名球员接住另一名球员传过来的球。有效的传接球可以提高球队水平，有助于球队掌握球场上的节奏，助力球队赢球。

第3章

3.1

关于传接球

传接球是辅助球队顺利进攻的重要技术之一，有效的传接球就是将球成功地送到队友手中。

良好的传接球技术是团队稳定发挥的基础，同时展现着团队合作的魅力，从而使篮球成为一项精彩的体育运动。

球场上，传接球不太容易引起观众注意，实际上它是一项重要的基础技术。设想一下，如果一个球队拥有出色的传球球员，他能将球准确传给拥有得分机会的队友，这将给对方防守带来极大的挑战。提高传接球技术水平不仅能使自己成为优秀的球员，还能让队友发挥得更好，助力整个球队获得更多的得分机会。

传接球的主要目的 »

⋙ 获得更多的投篮机会

球员站在有利的投篮位置，及时接到队友传来的关键球，突破防守，继而在得分区域展开进攻或投篮得分。

队友无人防守时，球员亦可通过传球给队友以增加投篮机会。

持球球员可先将球传给队友，再由队友将球传给自己，转移对方防守球员的注意力，二人紧密配合，可为己方创造投篮机会。

> **知识点** 🏀
>
> 连续的传接球可使持球方持续进攻，使防守方不易继续协防或包夹，从而降低被断球率，这给持球方带来了很大的优势。

⋙ 通过持续控球来影响比赛节奏

球员在合适的时机和方向进行有效的传接球，能提升球队对球的掌控力，即获得更多的进攻机会，对手的投篮机会则相对减少。这需要球员在平时训练中，不断提高配合默契度来实现。

⋙ 传接球的独特功能

当持球球员处于被集中防守的区域时，传接球可将球转移至安全区域，降低被抢断的概率。传的速度快于运球速度，可用于快攻战术，亦适用于进攻战术。

基本姿势与步法

球性练习

传接球

运球

投篮

篮板球

基础配合与团队进攻

基础配合与团队防守

体能训练

传接球的注意事项 》

⋙ 目视篮筐，观察场地状况

传接球时不应局限于眼前的球员，而应放远视线，目视篮筐，观察视线所及的场地状况，包括是否有合适的队友传球或接球，对手是否有球员准备对你的传接球进行防守，等等。

⋙ 运球前优先考虑传接球

传接球的速度比运球的速度快数倍，所以在执行快攻战术前可以优先考虑传接球。

⋙ 了解队友意向，预判时间

传球前要了解队友意向，不要贸然传球造成失误，当队友占据有利位置时可以选择传球给队友。如果队友需要突破到篮下，那么你需要预判时间，让球正好落在前方无人防守的位置。

⋙ 善于使用假动作

传球前可以用假动作迷惑对手，不直视将要传球的方向，用余光观察队友即可。适当的假动作可以有效骗过对手，提高传球成功率。

⋙ 精准判断，合理传接球

当队友被对手严密防守，却必须要传球给他时，你应尽可能将球传向距离防守球员较远的一端。接球球员不占据投篮优势时，应护球并及时将球传给队友。

⋙ 为队友着想，适时传接球

观察队友情况，发现队友无人防守时，及时传球；勿传球至双方球员集中的区域，以免被抢断；当队友具有投篮优势时，可将球传至其前手位，便于其展开下一步动作并随时准备投篮。

第3章

3.2

接球

传接球技术对接球球员的接球能力也有一定的要求，它需要接球球员牢牢接住球且不失球，并能在接球后快速展开下一步动作，该项技术十分考验接球球员随机应变的能力。

接球的基本方式 »

面向球，两臂自然抬至胸前，屈肘，双手张开微屈，掌心向球。准确判断来球的时间和方向，双手伸直接球，接到球后，使用跨步急停的方式落地。观察场上篮筐周围的情况和对手的防守情况，立即转换为三威胁姿势并快速开始下一个动作。

原地接球

跨步急停

不同情况下的接球方式 »

››› 在得分区域且无人防守时

球员如果处于空位（无人防守）并有条件投篮，可以在投篮位置举起双手，示意队友传球给自己。若传球路线偏离，需及时移动接球。接球之前要微微屈膝，双手放松，用"托""扶"的手形接球，注意手不要放在球的侧面，在投篮时将手的位置调整过来即可，以防止球侧旋。

››› 在得分区域且被严密防守时

遇到此情况要善于通过变速、变向动作持续移动，迷惑对手，从而获得自由，而不要原地不动。接球球员被严密防守时，队友需将球传到其外侧手（距离防守球员较远的那只手）。接直线传球时，手应置于腰部上方。接吊传球时，手应高举过头。接击地传球时，手应放在腰部以下膝盖以上的位置。落地时应选用跨步急停的方式，距离篮筐较近的那只脚先落地并作为中枢脚。

››› 低位接球时

低位接球时，可以使用短小快速的步伐努力争取空位，屈膝以稳定的姿势站立，双手举起准备接球，使用跳步急停的方式落地，接球后不要再向前迈步。落地时将身体重心移动到脚掌上并保持身体平衡，便于移动和展开后续进攻。

基本姿势与步法

球性练习

传接球

运球

投篮

篮板球

基础配合与团队进攻

基础配合与团队防守

体能训练

接球的原则 »

»»» 做好准备

面对传球时，接球前要做好准备，球员应该以身体基本姿势站立，举起双手朝向球。

»»» 迎球跑动接球

当遇到对手严密防守时，接球球员必须迎球跑动直至接住球，避免漏球或被抢断。需要注意的是，除非球员要向篮下进行后切或切出动作，其他情况下都要主动向球的反方向移动。

»»» 双脚稍稍离地

通常情况下，球员在接球时要双脚跳起，脚要稍稍离地，随后持球急停并做出三威胁姿势，或在下颌处护球。这样做既可以很好地控制身体也可以牢牢地护住球。

»»» 双手接球

球员从一开始就要培养双手接球的习惯。常用的双手接球的方式有 3 种：双手置于腰部上方接球；双手置于腰部下方接球；当球过高或过低时，可先用一只手在高位或低位停球，再迅速用双手抓住球。

»»» 及时交流

一次成功的传接球至少需要两名球员的配合，潜在的接球球员可以举起双手示意或在举起双手的同时叫出传球球员的名字，提醒队友自己正处于空位。需要注意的是手势的区别：处于空位时双手高举；做切入或切出时向切的方向伸手要球，向内切时用内侧手要球，向外切时用外侧手要球。

基本传球方式

本节将介绍一些基本的传球方式，帮助球员为后面的强化练习打好基础。

胸前传球 »

手肘内收

手腕由内向外翻转，拇指朝下

01 两臂屈肘微内收，五指张开扶于球的中后部，球与胸的间距约一前臂宽。

02 一只脚向前迈出，重心随即向前移动，双手前伸发力，向前沿直线推出球。

更多展示

扫一扫，看视频

知识点 🏀

胸前传球不仅依靠手臂力量，还需要通过屈膝跨步、蹬地等全身配合的方式发力，以调整力度及传球距离的远近。

击地传球 »

基本姿势与步法

球性练习

传接球

运球

投篮

篮板球

基础配合与团队进攻

基础配合与团队防守

体能训练

手腕朝外翻转，指尖朝下

01 屈膝，双手持球置于腹前，两臂屈肘微内收。

02 一只脚向前迈出，两臂及手腕翻转，带动指尖向下施力，将球向前方地面推出。

更多展示

扫一扫，看视频

知识点 🏀

击地传球是球被推出击地后，反弹到队友手中的传球方式。实战中，持球球员一般会将球从防守球员的手臂下传出，传球前，确定队友的位置，但不看队友；配合假动作掩盖自己真正的传球方向，误导防守球员，提高传球成功率。

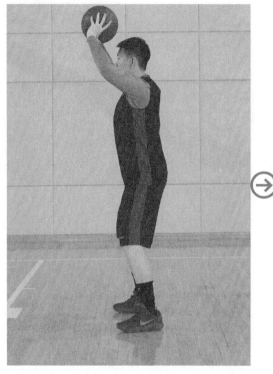

向前跨步

01 两臂屈肘微内收，双手将球抬至额前上方，双手位于球的中后部。

02 向传球方向跨出一步，双手迅速前伸发力，将球沿直线投出。

小提示

双手向前抛球时要注意力度，以确保队友接到球，避免球提前下落或越过队友。可适当采用假动作，使对手无法准确判断出球点。此外，上举时不要将球过度后移，球的运动路线不宜过高，否则会影响球传出后的速度，容易被断球。

手腕屈曲发力

扫一扫，看视频

单手侧传球 »

01 双腿屈曲，呈三威胁姿势，一侧手于球的后部持球，另一侧手辅助扶球。

02 传球手同侧脚向前跨出一步，全身配合，利用手腕的力量将球向前推出。

更多展示

于防守球员一侧传球

知识点

被严密防守时，可选择单手侧传球，跨步绕至防守球员一侧，用远离防守球员的手将球传出。传球前，可上下移动球误导防守球员，但不要将球移至身后，否则会延误传球或被断球。传球手手臂抬至与肩等高时再出手。

扫一扫，看视频

基本姿势与步法

球性练习

传接球

运球

投篮

篮板球

基础配合与团队进攻

基础配合与团队防守

体能训练

勾手单臂传球 »

手指向下施力

01 双腿屈膝，呈三威胁姿势，一侧手于球后部持球，另一侧手辅助扶球。

02 传球手同侧脚向前跨出一步，右手向下勾手施力，朝地面掷球，指尖朝下。

更多展示

手臂伸直掷球

知识点

球应绕过防守球员，从其侧面传出。注意传球的力度与施力的角度，球应反弹至接球球员腰部附近的位置。左右手皆需练习。

背后传球 »

转移身体重心

01 双腿微屈，双手持球于一侧腰前，同侧手位于球的后部，另一侧手辅助扶球。

02 向身后运球，当球运至传球手对侧腰后时，传球手迅速扣腕，通过指尖发力，将球传出。

更多展示

传球手掌心朝上

知识点 🏀

背后传球是优秀球员的必备技能。球员持球时可不定向移动球，引导对手做出错误判断，随即单手快速从背后传球，注意传球前双手依旧持球。

扫一扫，看视频

基本姿势与步法

球性练习

传接球

运球

投篮

篮板球

基础配合与团队进攻

基础配合与团队防守

体能训练

拇指朝向身体外侧，手部朝前上方发力

01 双腿微屈，双手持球于一侧胯部前方，传球手五指张开托于球的底部，另一侧手辅助扶球。

02 向传球方向跨出一步，手臂伸展，向上勾手发力，用指尖将球送出，使其轨迹呈抛物线状。

更多展示

向前跨步可以加大传球力度

知识点 🏀

此动作的手形与打保龄球的手形相似。因其传球力度较弱、速度不快，建议用于短距离传球。

扫一扫，看视频

基本姿势与步法

球性练习

传接球

运球

投篮

篮板球

基础配合与团队进攻

基础配合与团队防守

体能训练

口袋传球 》

传球前示意队友

重心腿

拇指朝身体

在与口袋等高的位置将球传出

01 双手持球于体侧，重心位于对侧的腿上，身体前倾保持平衡。传球前，示意但不面向可接球的队友，并观察其周围的情况，可配合假动作掩盖真正的传球方向，引导对手将防守重点放在持球球员前方。

02 将球拉到与裤子口袋等高的位置，头部侧转，朝队友伸展双手，传球手向后翻转发力，手指拨球，将球从一侧传出。

小提示 此动作因在与裤子口袋等高的位置传球而得名。口袋传球对球员的配合默契度有很高的要求，需要球员平时加强配合训练，并加强左右手的训练。

扫一扫，看视频

向上托举球，用指尖推出球

01 双脚开立，间距略大于肩宽，膝盖微屈，双手持球置于侧胸前，于传球方向对侧向上移动球，头部转至传球方向。

02 身体重心转移至传球方向一侧脚，持球手举过头顶，勾手将球抛出。

更多展示

传球后，眼睛看向传球方向

知识点 🏀

练习时，球员侧身站立，球举过头顶时不要过度后移，否则不便控制球速与传球方向。加强左右手的练习，提高非惯用手传球的灵活度。

扫一扫，看视频

单手肩上传球 »

重心前移

01 侧身站立，双手持球于耳侧，身体稍微后倾，眼睛看向传球方向。

02 后侧手高举球，身体及双脚转向传球方向，同时后侧脚朝前迈一步，单手将球抛出。

更多展示

传球手伸直，掌心朝下

知识点 🏀

此传球方式常用于快攻打法中。传球时注意手腕和手指的发力，食指指向传球方向，拇指朝下。

扫一扫，看视频

基本姿势与步法

球性练习

传接球

运球

投篮

篮板球

基础配合与团队进攻

基础配合与团队防守

体能训练

传接球强化练习

传接球是篮球运动中的基础技术，且形式多样，一次成功的传接球需由传球球员和接球球员共同完成。球员应加强训练，提升配合默契度。

双人头顶传球 »

用足够的力量快速传球

油漆区两端相距 4.9 米

两人使用一个球进行训练，调整好两人之间的距离后开始交替进行头顶传球。此传球方式适合长距离传球。

常见问题和纠正方法

NO 问题　队友接不到球或被抢断。

YES 纠正　头顶传球时要确保球在额前上方，而不是头的后方。训练时，注意全身配合手腕及手指发力，将球推出。

小提示　当身前有防守球员时，持球球员可选择头顶传球，从防守球员头顶上方将球传出，建议在有身高优势的情形下使用。此动作也适用于长传球，传球速度要快。

扫一扫，看视频

双人击地传球 »

球经地面反弹至对方手中

球的落点

基本姿势与步法

球性练习

传接球

运球

投篮

篮板球

基础配合与团队进攻

基础配合与团队防守

体能训练

两人一组，面对面站立，相距 4~5 米。传球球员向前跨步的同时进行击地传球，球经地面反弹至接球球员腰部前方，这样有利于接球球员接球。

常见问题和纠正方法

NO 问题
球在反弹过程中被抢断，或反弹高度不够，不利于队友接球。

YES 纠正
因球需经地面反弹至队友手中，球速没那么快，所以传球的距离不宜太近或太远。

小提示
此动作常用于近距离隐藏传球，突破防守，例如给切入篮下的队友传球。最好将两者间距离的 2/3 处作为球的落点，接球球员刚好能在腰部前方顺利接球。

扫一扫，看视频

重心从后脚转移到前脚

两人一组进行训练，传球球员侧对队友，传球前可以看向其他方位或做一些假动作，然后快速将球置于臀部后侧，屈腕，指尖发力将球拨出。

小提示

训练时，可多模拟在有防守球员处于两球员间的情境下进行背后传球。惯用手和非惯用手都要练习，以提高多方向传球技能。

扫一扫，看视频

常见问题和纠正方法

NO
问题

队友接不到球或被抢断。

YES
纠正

传球之前，双手始终置于球上，随时观察场上情况，不要过早单手持球。多训练手腕的灵活度，培养球感。

双人保龄球传球 »

上半身前倾

01 双方面对面站在油漆区两侧，传球球员双脚前后分开，球置于腰侧。

后侧脚向前跨步，辅助发力

02 传球球员后侧脚向前跨步，手臂伸展，掌心向上，以打保龄球的手形朝接球球员抛球，球的运动轨迹为开口朝下的弧线。

知识点 🏀
传球时，传球手向上屈腕将球抛出。两人交替练习，以打保龄球的手形将球传给对方。

扫一扫，看视频

基本姿势与步法

球性练习

传接球

运球

投篮

篮板球

基础配合与团队进攻

基础配合与团队防守

体能训练

01 传球球员侧身站立，身体微微前倾，准备传球，接球球员呈身体基本姿势。

传球路线

02 传球球员将球从裤子口袋位置朝地面掷出，球击地反弹至接球球员身前。互换角色反复练习。左右手都需要进行有针对性的练习，从而提高传球准确度。

知识点

多训练球员间的配合默契度。传球球员要注意发力方向，尽量使球弹向接球球员正前方，以提高接球成功率。

扫一扫，看视频

双人头上勾手传球 »

01 两人一组进行训练，传球球员屈膝侧身站立，双手持球于一侧腰前，一侧手置于球的后部，另一侧手扶球。接球球员呈身体基本姿势。

指尖发力，将球旋转着传出

02 伸展身体，伸直双腿，传球手一侧的脚跟离地，脚掌蹬地发力，重心移至对侧脚，随即传球手持球举过头顶，屈腕发力向接球球员传球。接球球员接球后，以同样的方式将球传回。

知识点 🏀
传球时，上臂贴紧耳朵，掌心向下，手腕内扣，指尖发力将球从头顶上方抛出。两人一组，进行多次练习。

扫一扫，看视频

基本姿势与步法

球性练习

传接球

运球

投篮

篮板球

基础配合与团队进攻

基础配合与团队防守

体能训练

双人单手肩上传球 »

传球前保持双手持球，球不要过早脱手

01 传球球员双手持球置于耳侧，传球手置于球的后部，手肘微微内收。接球球员呈身体基本姿势。

传球后手指指向接球球员

02 传球球员身体转向传球方向，同时重心前移，持球手将球高举，手腕发力将球传出。接球球员接球后，以同样的方式将球传回。

> **知识点** 🏀
>
> 双人单手肩上传球是两人以类似投掷棒球的姿势进行传接球。左右手需交替练习。

扫一扫，看视频

基本姿势与步法

球性练习

传接球

运球

投篮

篮板球

基础配合与团队进攻

基础配合与团队防守

体能训练

触摸锥桶传球 »

01 两人面对面站立，身前分别放置一个锥桶。传球球员屈膝，双手持球于胸前。接球球员屈膝，降低身体重心，一只手触摸锥桶顶部，另一只手抬起前伸，掌心面对传球球员。

接球前手不离开锥桶

02 传球球员进行胸前传球，接球球员起身，手迅速离开锥桶，并用双手接球。两人互换角色，反复训练。

知识点 🏀

训练过程中，接球球员注意力保持集中，注意观察球的运动路线，以预判来球时机，准确接球。

扫一扫，看视频

假意传球，吸引防守
球员的注意

01 以三威胁姿势持球，注意传球前要观察防守球员。

02 双手持球，身体转向左侧，同时将球移动到身体左侧，做出即将向左前方传球的样子。

迅速向右迈出

03 身体迅速转向右侧，右脚迅速向右迈出一步，双手发力将球抛出。

知识点 🏀

熟练使用传球假动作，可转移防守球员的注意力，易致其做出错误判断，无法进行抢断，有利于球员有效传球。当球转换方向时，身体重心也要随之改变。左右两侧都需练习，并适时加快速度，快速灵敏的动作切换与移动是做好假动作的关键。

扫一扫，看视频

传球假动作（上下）》

01
以三威胁姿势持球，注意传球前要观察防守球员。

02
伸展身体，将球举过头顶，踮起双脚，看向前方，装作进行头顶传球。

03
屈膝，向传球方向跨一大步，将球下移，模拟从防守球员一侧传球。

小提示
传球假动作（上下）比较容易掌握，过程中需要身体快速伸展和屈曲。球员应通过反复练习提高身体的灵活度。

知识点 🏀
一名优秀的球员要具备在各个方位都可以传球的技能，所以不管是从上到下、从下到上，还是从左到右、从右到左，都要反复练习。

扫一扫，看视频

基本姿势与步法

球性练习

传接球

运球

投篮

篮板球

基础配合与团队进攻

基础配合与团队防守

体能训练

假装向前掷出

迅速转身

01

身体转向一侧，将球举过头顶，踮起双脚，假装要进行头顶传球。

02

以双脚前脚掌为轴，迅速转向真正的传球方向，准备传球。

03

双手屈腕发力，进行头顶传球。

小提示

传球动作忽然停止或忽然转换方向，会打乱防守球员的节奏，让其不知道传球球员什么时候传球，两次传球是比赛中经常出现的传球假动作。

知识点 🏀

当球转换方向时，身体重心也要随之改变。左右两侧都需练习，并适时加快速度。

扫一扫，看视频

双球传球（上下）》

01 两人相距 4~6 米，面对面站立，均双手持球置于胸前。

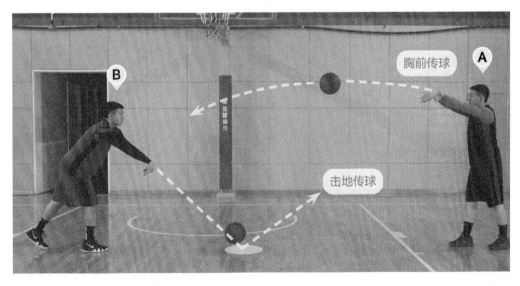

02 两人同时传球，球员 A 进行胸前传球，球员 B 进行击地传球，传球线路一上一下。接到对方的球后，重复上述步骤。

> **知识点** 🏀
>
> 训练一定时间后，二人角色互换，继续训练。此练习旨在训练球员在传球、接球时快速切换角色的能力，有助于提升球员的反应力和传球准确度。

扫一扫，看视频

基本姿势与步法

球性练习

传接球

运球

投篮

篮板球

基础配合与团队进攻

基础配合与团队防守

体能训练

二人以同侧手为传球手

01 两人相距 4~6 米，面对面站立，均双手持球置于胸前。

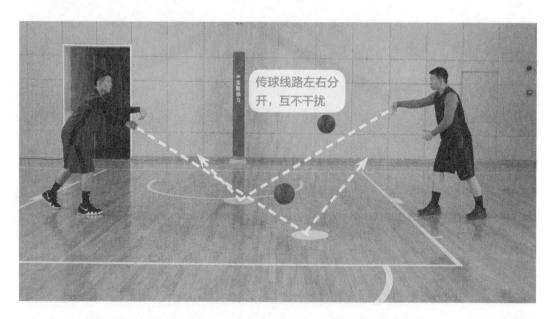

传球线路左右分开，互不干扰

02 两人同时进行勾手单臂传球，为了避免两球相撞，两人同时使用右手传球，确保传球线路左右分开，互不干扰。传球时，两人可将对方腰部左侧作为目标位置。训练一定时间后，两人换左手继续练习，要点一致。

扫一扫，看视频

机关枪传球 ≫

基本姿势与步法

球性练习

传接球

运球

投篮

篮板球

基础配合与团队进攻

基础配合与团队防守

体能训练

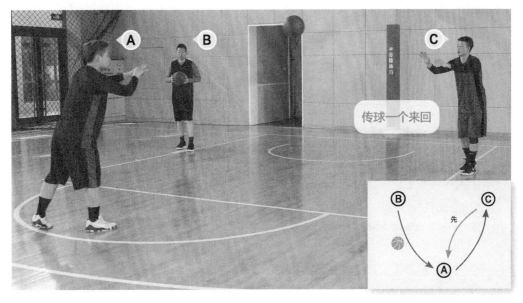

传球一个来回

01 机关枪传球需要 3 个人配合，2 个人辅助，1 个人练习。球员 B、C 各持一个球，球员 A 呈接球准备姿势，3 人围成一个三角形。球员 C 传球给球员 A，球员 A 将球回传给球员 C。

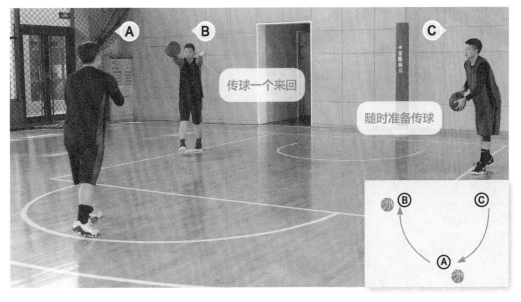

传球一个来回

随时准备传球

02 在球员 A 回传球的瞬间，球员 B 将球传给球员 A。球员 A 接球后，把球回传给球员 B，球员 C 瞄准时机继续传球给球员 A，开始下一轮传球。重复上述过程，3 人交换角色进行训练。待熟练后，可逐渐缩短 3 人之间的距离，加快速度，加强练习。

扫一扫，看视频

防守球员

传接球球员

传接球球员

01 3 人一组进行训练，球员 A 作为防守球员站在中间，传接球球员 B 和球员 C 面对面站立，
两人相距 4~6 米。

03 训练 1~2 分钟后，交换角色，反复训练。

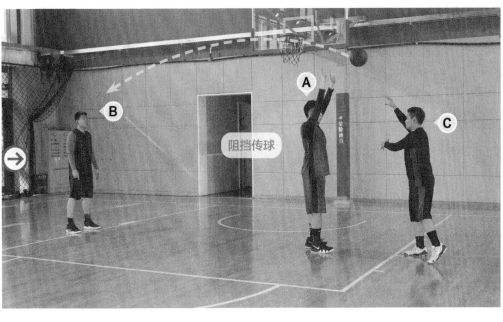

阻挡传球

02 球员B、C采用多种方式互相传球，球员A先后向球员B、C进行防守施压，阻挡他们传球，球员B、C尽量摆脱球员A的防守。

常见问题和纠正方法

 传球与防守未同步、掉球等。

 全员集中注意力，刚开始匀速练习，之后逐渐加快速度，要在过程中体会节奏感。

小提示

此练习旨在模拟球场上有防守球员时，球员避开防守有效传接球的实战场景。在有压力的情况下进行练习，能更好地磨炼球员的传球技术，提升球员传球的稳定性与准确性。传球时，球员可使用假动作迷惑防守球员，提高传接球成功率。

扫一扫，看视频

间隔 3~5 米

01 3 人一组进行训练，球员 A、B 为传接球球员，间隔 3~5 米，球员 C 为防守球员，3 人站位如上图所示。球员 A 率先持球。

准备接球

03 球在空中沿抛物线状的轨迹运动，这样的吊高球传球可以使球越过球员 C，从而传到球员 B 手中，球员 B 在篮筐下准备接球。

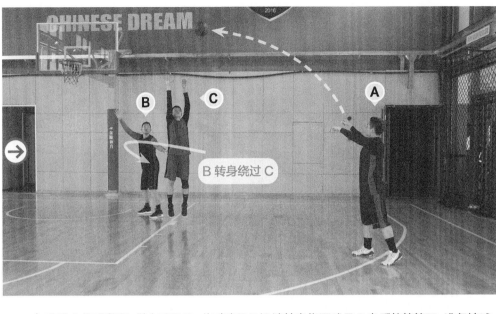

B 转身绕过 C

02 球员 A 将球举高，抛向球员 B，此时球员 B 迅速转身绕至球员 C 身后的篮筐下，准备接球。球员 C 向上跃起进行拦球。

04 球员 B 接过球转身进行投篮。以上为一组完整练习。此练习需要球员交换角色进行训练，每组练习持续 1~2 分钟。

扫一扫，看视频

基本姿势与步法

球性练习

传接球

运球

投篮

篮板球

基础配合与团队进攻

基础配合与团队防守

体能训练

2对1传球（轮流传球）»

01 3人一组进行训练，球员A作为防守球员站在中间，传球球员B和接球球员C面对面站立，相距4~6米。

03 球员C对球员B进行防守，干扰球员B传球给球员A，球员B将球成功传出。

> **知识点** 🏀
>
> 每传一次球，球员就交换一次角色。此练习可作为热身运动，有助于提升球员在球场上的应变能力。

防守球员成为新的接球球员

传球成为新的防守球员

基本姿势与步法

球性练习

传接球

运球

投篮

篮板球

基础配合与团队进攻

基础配合与团队防守

体能训练

02 球员 C 传球给球员 B，球员 A 进行防守。球员 B 接球后，球员 C 与球员 A 交换位置，球员 A 成为新的接球球员，球员 C 跑向球员 B，成为新的防守球员。

04 球员 A 接球后，球员 B 与球员 C 互换位置，球员 B 成为新的防守球员，球员 C 成为新的接球球员，球员 A 为传球球员。重复以上步骤，练习 1~2 分钟。

扫一扫，看视频

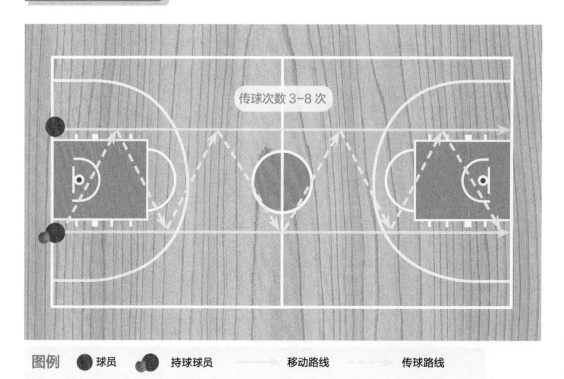

传球次数 3~8 次

图例 ● 球员   持球球员 ——→ 移动路线 ----→ 传球路线

两人一组在全场进行传球练习。两人间隔 3~5 米，站在底线上，其中一人持球。传球练习开始后，两人平行前进，在合适的节点互相传球，到达另一侧底线后传球练习结束。

小提示

两人互相传球的次数可以根据情况自定，一般为 8 次、5 次、3 次。球员需在规定的时间内反复进行练习。

知识点 🏀

在静止状态下，接球球员通常用双手接球；但在跑动状态下，接球球员多用单手接球，这就对传球球员的传球准确性有一定的要求。传球球员应根据自己与队友的距离和队友的跑动速度，在接球球员稍前的位置传球，且由于需要传球的次数不同，步幅、步数都会随之变化，传球球员应反复体会，把握传球的节奏。

基本姿势与步法

球性练习

传接球

运球

投篮

篮板球

基础配合与团队进攻

基础配合与团队防守

体能训练

半场双人传球 »

01

两人一组在半场进行传球练习。两人站在底线上，间隔 3~5 米，其中一人持球。两人同时向前移动，其间互相传球，如左图所示，可自行决定传球次数。

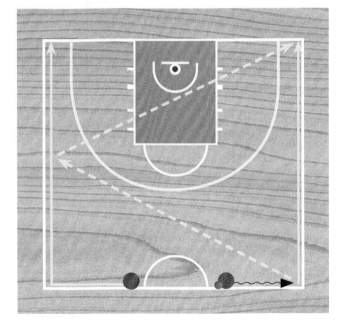

02

到达中场线后，持球球员沿中场线运球至同侧边线，另一球员则沿中线移动至另一侧边线。两人分别沿两侧边线移动，其间互相传球，直至返回底角。

图例

● 球员

◗ 持球球员

——→ 移动路线

- - → 传球路线

〜〜▶ 运球路线

知识点 🏀

在返程中可模拟有防守球员的情境，传球球员应尽量高地抛出球，以越过防守球员。需要注意的是，长距离传球考验球员的观察力、奔跑速度及身体力量等，需多加练习。

第 4 章
运球

运球是篮球运动中必不可少的一部分，与传球一样，它可以改变球的方向和速度，每个球员都应熟练掌握运球技术。通过运球，球员可以从防守中脱离，创造进攻机会，提高得分的概率。实战中，运球过程中会面临对手的抢夺和干扰，且极易出现失误，球员若想在运球过程中控好球，就必须熟练掌握各种运球技术。本章将详细介绍运球相关的知识。

关于运球

所有球员都需要熟练掌握运球技术。在平时的练习中，球员应当具备运球思维，并注重动作的连贯性和节奏性，养成有目的地运球的习惯。

运球的基本要求 »

»»» 有目的地运球

运球时要注意明确目的，先观察是否有传球给队友的机会，尽量缩短运球时间。没有目的地运球，很可能会导致失误，给对方防守成功制造机会。

»»» 平衡强手与弱手的运球能力

一名优秀的球员，两手皆可熟练运球。若只用强手运球，在比赛中可能会导致强手超负荷使用，效率降低，影响球员持续的良好发挥。所以强手、弱手要交替练习。

»»» 运球的同时也要护球

无论是强手还是弱手运球，都需要牢牢地护球。运球时，你应当将自己置身于防守球员和球之间，即你用一侧手运球时，应用另一侧手合法阻拦防守球员，同时借助身体护球。

运球的应用 »

»»» 将球运送至前场

当所有队友都被人防守，或无投篮机会时，可运球至前场，需注意的是，运球过程中应防止被抢断。需加快进攻进程时，可提高运球速度和力度。

»»» 改变传球方向

在背打时，面对严密防守的情况，可通过运球改变传球方向。

»»» 脱离被多人包围的情境

在抢到篮板球或者被双人包夹的情境下，所处位置不利于传球时，可果断将球运出对方球员较多的区域。

»»» 突破防守间隙

进攻过程中，遇到两名防守球员时，可运球从他们中间快速穿过。

>>> 带球突破防守

在只有一名防守球员的情况下，可选择快速运球，坚定地突破防守。

>>> 创造投篮机会

运球可以为自己创造投篮机会；也可以转移防守球员的注意力，为队友创造投篮机会。

运球的注意事项 »

>>> 运球时不要看球

不看球是运球技术最基本的要求，球员勿将注意力集中在球上，而需眼观全场。运球时注意掌控节奏、时间节点、速度、假动作的运用等，确保动作具有连贯性、灵活性、协调性。

>>> 全队球员都要熟练掌握

球队实力的提升来自全体球员的共同努力。如果只有个别球员或控球后卫运球水平高，那么球队整体运球水平还是比较低的。对任何一支球队来说，运球能力强的球员都是多多益善的。

>>> 防止养成不良习惯

球员应避免养成接到球就开始运球的习惯，因为这样可能会失去给无人防守的队友传球的机会，同时降低对方防守的难度。当接球后，习惯性运球后再将球拿起，便不能再进攻，这无疑为防守球员增加了抢断机会，即使选择投篮，也为对方防守增加了准备时间。一旦开始运球，就不要随意停止，直至可传球给无人防守的队友。

基本姿势与步法

球性练习

传接球

运球

投篮

篮板球

基础配合与团队进攻

基础配合与团队防守

体能训练

第4章
4.2

基本运球方式

本节主要介绍多种基本运球方式。熟练掌握运球技术，有利于球员提升综合水平。

身体前倾，背部挺直

手指完全张开，屈腕90度

 以三威胁姿势持球，准备运球。

 观察前方，运球手指腹触球，手腕屈曲发力，指腹和指尖施力于球，另一侧手在球侧护球。

常见问题和纠正方法

NO 问题 运球时眼睛看球，运球节奏不连贯。

YES 纠正 眼睛观察全场或看向篮筐，尽量只用余光找球，逐渐习惯不看球。练习时，注意运球的节奏，仿佛手和球之间有自然的黏着感。反复训练，以培养球感。

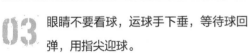
用指尖迎球

基本姿势与步法

球性练习

传接球

运球

投篮

篮板球

基础配合与团队进攻

基础配合与团队防守

体能训练

03 眼睛不要看球，运球手下垂，等待球回弹，用指尖迎球。

04 球回弹时，手腕屈曲触球，减小球回冲的力度。

小提示 运球时双脚打开，屈膝，保持身体稳定。运球手保持放松的状态，手臂伸直，屈腕90度，大力拍球，五指尽量张开，便于控球。每个球员都有不同的用手习惯，习惯用于运球的手是惯用手，运球能力相对较强。球员需克服个人习惯，加强对非惯用手的训练，使双手都具备熟练运球的能力。

扫一扫，看视频

保持体侧运球

身体重心降低

01 以三威胁姿势持球，准备运球。

02 将球控制在身体两侧运转，可使进攻策略的转换更加快速便捷。

03 随着行走的步伐运球，非运球手需在一侧护球。

知识点 🏀

没有防守球员时，球员需一边运球，一边观察、判断球场上的情况，抓住时机进行传球或者投篮，不要低头看球。

小提示

无防守运球与基本运球要点相通，球员在控好球的前提下，可以尝试向前移动、变向、停止等动作。尽量养成在身体两侧运球的习惯，这样不易被抢断，即使没有防守球员，在体侧运球也有利于快速切换进攻策略。

有防守快速运球 ≫

基本姿势与步法

球性练习

传接球

运球

投篮

篮板球

基础配合与团队进攻

基础配合与团队防守

体能训练

降低重心，身体前倾

大跨步跑动

01 在有防守球员的情况下，持球球员应身体前倾，大跨步快速奔跑前进，同时持球手向前运球，注意调整球反弹的力度和速度。

02 如果运球距离较远，运球速度与球员跑动速度需相互匹配，以防止被抢断。持球球员应尽可能加快运球速度，拉开与防守球员的距离。

小提示 运球时持球手接触球的后上方，促使球向前移动。身体前倾，屈膝以降低身体重心，这样有利于快速跑动和释放身体的爆发力。

扫一扫，看视频

重心向右偏移

01 模拟前方有防守球员，屈膝，降低重心，开始运球。

02 保持运球状态，观察前方，伺机用单手运球，以便进行体前变向。

知识点 🏀

直线运球：in-out 又名内外运球，即用单手控球，以便进行体前变向，这是应对防守时常见的动作。此动作主要是通过横向改变球的运动路线来迷惑防守球员，以摆脱防守。训练时，注意身体重心的快速转移，保持身体稳定。当球与膝盖等高时进行变向，且球不宜离身体太远，否则容易被抢断。

球由外向内移动

重心向右偏移

基本姿势与步法

球性练习

传接球

运球

投篮

篮板球

基础配合与团队进攻

基础配合与团队防守

体能训练

03 左脚外展，快速迈出，重心左移，翻转手腕，球随之由外向内移动，眼睛看向左边，让防守球员错误地认为运球方向为左前方。

04 左脚向右前方跨一大步，重心右移，向右前方运球，趁防守球员未及时变向，脱离防守前进。

小提示 变向时，五指张开，通过翻转手腕的方式控球，避免出现类似掌心朝上托举球的动作，否则易造成携带球违例。运球时，注意养成非持球手在一侧护球的习惯，防止被抢断。身体前倾，屈膝以降低身体重心，这样有利于快速移动和保持身体稳定。

扫一扫，看视频

升高重心

01 进攻球员时刻观察防守球员的动作，同时保持运球前进的状态。

02 与防守球员有一定距离时，向前跨一步，开始做假急停动作。

小提示

急停前先减速，同时放松下肢，接着屈膝以降低重心。

05 脱离防守后，快速运球前进。

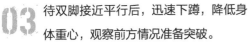

03 待双脚接近平行后，迅速下蹲，降低身体重心，观察前方情况准备突破。

04 待防守球员靠近后，找到时机，突然跳起，转身向一侧前进。

常见问题和纠正方法

 假急停过程中失球；与防守球员距离过近，被抢断。

 假急停过程中，行进速度由快转慢再加快，重心也随之变化，注意保持身体平衡，五指尽量张开，牢牢控球；在吸引防守球员靠近时，与其保持一定距离，及时变向。

知识点 🏀

在比赛中，假急停是一种很主动的打法，可使对手无法预判你进攻的节奏与方向。在快速行进时运用假急停，有助于摆脱对手，轻松过人。

扫一扫，看视频

基本姿势与步法

球性练习

传接球

运球

投篮

篮板球

基础配合与团队进攻

基础配合与团队防守

体能训练

左手护球

01

进攻球员右手运球，左手护球行进，防守球员在其前方展开拦截。

换左手运球

03

当行进至与防守球员有一定距离时，进攻球员进行体前变向，右手朝两腿间运球，球反弹至左侧，左手接球，换左手运球。

知识点

切换运球手时不要低头，要快速、熟练地低高度运球。进行体前变向时，与防守球员的距离不宜太近，否则容易被抢断。

降低重心

02

进攻球员降低身体重心，与防守球员的距离逐渐拉近，准备变向。

04

进攻球员从防守球员一侧越过，朝新方向继续运球前进，右手护球，完成体前变向。

小提示

切换运球手时，尽可能屈膝，保持身体稳定，且上半身前倾，顺势护球。改变运球方向时，迈步步幅要大，身体重心也要随之变化。

基本姿势与步法

球性练习

传接球

运球

投篮

篮板球

基础配合与团队进攻

基础配合与团队防守

体能训练

扫一扫，看视频

01 将3个锥桶沿直线摆放，设定好距离。球员站在第一个锥桶前，以三威胁姿势持球。

球击地反弹

03 右手于体前朝左下方拍球，球击地后反弹至左手，身体重心随之左移。

知识点

训练时要集中注意力，掌握运球节奏；要反复训练，并且适当针对弱手进行训练。训练时注意非持球手要有意识地护球。

基本姿势与步法

球性练习

传接球

运球

投篮

篮板球

基础配合与团队进攻

基础配合与团队防守

体能训练

02 球员右手运球至第一个锥桶前，准备开始进行体前变向。

04 左手运球，右脚从锥桶左侧向前跨一大步，朝第二个锥桶运球前进，继续进行体前变向练习。重复上述步骤，至绕完三个锥桶。

小提示 体前变向是球员应熟练掌握的一项技术，球员可以通过改变运球的方向，尝试摆脱防守，以获得更多的进攻机会。

扫一扫，看视频

胯下运球（带防守）»

01 进攻球员运球前进，防守球员在其运球线路上展开拦截。

02 防守球员上前持续防守，当与防守球员距离较近时，进攻球员准备进行胯下运球。

可多次运球，找准突破时机

03 进攻球员用另一侧手从腿后接过球，成功切换运球手。

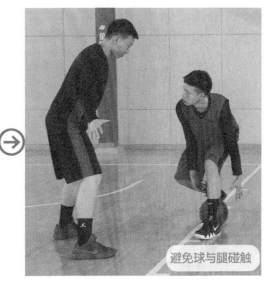

避免球与腿碰触

03 进攻球员屈膝，降低身体重心，前后脚分开，间距尽可能大一些。

04 进攻球员俯身，将球从胯下运过，此时眼睛不看球。

快速起身，改变方向

06 进攻球员快速起身，用远离防守球员的手运球，非运球手在身体一侧护球，朝新方向跑动，以摆脱防守。

扫一扫，看视频

基本姿势与步法

球性练习

传接球

运球

投篮

篮板球

基础配合与团队进攻

基础配合与团队防守

体能训练

绕锥桶胯下运球 »

向后拍球

01 将 3 个锥桶沿直线摆放，设定好距离，右手缓慢运球前进。

02 运球至第一个锥桶前，降低身体重心，左脚向外侧跨步，进行胯下运球。用右手手腕的力量运球击地，球随后反弹至左手。

更多展示

03 左手从腿后接球,右脚向前跨一大步,从锥桶左侧越过,左手运球行进至第二个锥桶前。

04 进行第二次胯下运球。接下来的动作要点与之前一致,直至绕过第三个锥桶,完成练习。

小提示 胯下运球需要球员将两腿前后分开,重心下移,在两腿间运球。注意迈步步幅要大,球和双腿之间应保持一定距离,避免相互碰触。

知识点 🏀

该动作可以借用双腿进行护球,同时还能改变运球方向。用锥桶辅助训练,不仅可以模拟前面有防守球员时提前变向的情况,还可以帮助球员熟悉动作,培养球感。

扫一扫,看视频

基本姿势与步法

球性练习

传接球

运球

投篮

篮板球

基础配合与团队进攻

基础配合与团队防守

体能训练

背后运球（带防守） »

01 进攻球员运球前进，防守球员在其运球线路上展开拦截。

02 当两人相距较近时，进攻球员准备通过背后运球来摆脱防守。

05 进攻球员快速起身，改变进攻方向至摆脱防守，非持球手于体侧护球，阻止防守球员靠近并抢断。

03 进攻球员屈膝，降低身体重心，将球从背后运至另一侧。

04 进攻球员的另一侧手从背后接过球，改变运球方向。

知识点 🏀

球员可以将身体作为遮挡进行运球、护球，熟练运用手腕的力量改变球的运动轨迹；换手成功之后，快速往新方向前进。由于运球过人时与防守球员距离较近，易发生球脱离手部控制或被抢断的情况，故球员平时应多加训练，培养仿佛将球粘在手上的技能。

小提示 持球球员在进攻过程中，时常会遇到被贴身防守，难以突破前进的情况，此时可采用背后运球的方式。此运球方式以身体为屏障，以便切换运球方向，可有效阻挡防守球员抢断。此动作不易掌握，球员应多加练习。

扫一扫，看视频

基本姿势与步法

球性练习

传接球

运球

投篮

篮板球

基础配合与团队进攻

基础配合与团队防守

体能训练

背后运球

01 将 4 个锥桶呈两列交错摆放在球员面前，设定好距离，球员左手持球，开始绕锥桶运球。

02 球员行进至左侧第一个锥桶前，屈膝，降低身体重心，进行背后运球，将球从左侧运至右侧。

05 左脚向左前方跨一步，重心随之左移，向左侧第二个锥桶运球前进。重复前述背后运球动作，直至绕完 4 个锥桶，完成练习。

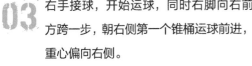
向右前方跨一步

背后运球

基本姿势与步法

球性练习

传接球

运球

投篮

篮板球

基础配合与团队进攻

基础配合与团队防守

体能训练

03 右手接球，开始运球，同时右脚向右前方跨一步，朝右侧第一个锥桶运球前进，重心偏向右侧。

04 球员行进至右侧第一个锥桶前，屈膝，降低身体重心，进行背后运球，将球运至左侧。

小提示 此练习要求球员熟练掌握左右手背后运球、运球变向等技能。重心随运球方向改变的，注意保持身体的平衡和灵活。

知识点 🏀

注意运球的速度。当持球手向后运球，手臂朝后伸直，球尽量不与身体接触。当运球手切换后，运球速度不要降低，尤其是在做切换动作时，应保持运球速度，以免在实战中被对手识破运球方向。

扫一扫，看视频

01 进攻球员运球前进，防守球员在运球线路上展开拦截。

02 防守球员跟进防守，当两人距离较近时，进攻球员准备进行转身运球。

屈膝，降低重心，保持身体稳定

03 球快击地时，进攻球员几乎背对防守球员，非持球手外展，阻止防守球员靠近。

非持球手防御

中枢脚

快速转身

基本姿势与步法

球性练习

传接球

运球

投篮

篮板球

基础配合与团队进攻

基础配合与团队防守

体能训练

03 进攻球员屈膝，降低身体重心，继续运球，以前侧脚为中枢脚，身体迅速向后转，同时运球向后移动。

04 进攻球员动作要迅速敏捷，手腕内扣，将球控制在身体附近，保证球不脱手或防止被防守球员抢断。

06 球击地时，转身基本完成。球回弹时，快速换手运球，继续转向新方向，使运球手远离防守球员，成功突破防守。

扫一扫，看视频

绕锥桶转身运球 »

01 将4个锥桶呈两列交错摆放在球员面前，设定好距离，球员开始绕锥桶运球。

02 行进至左侧第一个锥桶时转身，同时切换运球手，运球绕过第一个锥桶。

切换运球手

05 再次切换运球手，准备转身，朝左前方第二个锥桶前进。

小提示 当防守球员贴身防守，进攻球员被堵截或快被抢断时，可进行转身运球，转至新方向，突破防守。转身时应速度较快，注意保持身体平衡，谨防摔倒。

03 向右前方行进，切换运球手，运球至右侧第一个锥桶前。

04 以前侧脚为中枢脚，迅速向后转身，旋转脚不要离中枢脚太远。

06 运球快速前进，重复上述转身运球练习，左右交替进行，直到绕过第四个锥桶，完成训练。

知识点 🏀

转身幅度要小，两脚间距不要太大，这样有助于保持重心稳定。转身时手要牢牢控球，在转身基本完成时，球刚好击地。

基本姿势与步法　球性练习　传接球　运球　投篮　篮板球　基础配合与团队进攻　基础配合与团队防守　体能训练

01 球员原地运球，准备练习没有防守球员的单人变速运球。

不要低头

球离身体较近

02 缓慢运球前进，不要低头，眼看篮筐或前方。在有防守球员时，可以根据时机进行变速。

将球向前推出

03 快速推进运球时，需加大前进步伐，同时手腕发力，推球前进。

扫一扫，看视频

小提示 运球速度和节奏的变化，易使防守球员自乱阵脚，有助于持球球员展开进攻或脱离防守。

变速运球：从快速推进运球变为控制性运球 »

01 身体前倾，大跨步快速跑动，向前推球。

02 在可控范围内，球可以离身体较远，便于跑动。

03 开始降速，步伐由大变小，运球速度减慢，并将球往身体方向拉，切换成控制性运球。

04 降速运球后，球员对球的掌控力增强了。

 小提示
快速推进运球时，球距离身体较远，容易被前方防守球员抢断；突然降速时，球不太好控制，易失球，所以要控制好运球节奏，提高手部运球速度和双脚跑动速度的配合度。

扫一扫，看视频

基本姿势与步法

球性练习

传接球

运球

投篮

篮板球

基础配合与团队进攻

基础配合与团队防守

体能训练

运球强化练习

无论采用哪种运球方式，首先都要做到不看球。运球时，注意手部对球的控制要与脚部的移动同步，保持一致。

运球并将球摁于地面 »

01 球员右手运球，左手护球。

02 加快运球速度，手腕发力，向下拍球。

五指张开，向下垂直摁球

03 运球至完成一定次数后将球摁在地面停留一下，完成练习。

常见问题和纠正方法

NO 问题 眼睛看球，重心偏高，摁球时跑球。

YES 纠正 目视前方，不要低头，五指张开，向下垂直摁球，避免球跑偏，感受手指对球的掌控力。

扫一扫，看视频

对墙运球 »

水平运球

01 单手持球于耳前，面对墙站立。

只有指腹触球

02 面向墙面，将球朝墙面抛出。

03 球从墙面反弹至手中，继续进行有节奏的运球。反复连贯地练习。

> **小提示**
> 该练习的要点是快速且有节奏地运球。这需要手掌及五指的指腹有意识地控球，提升控球力。

扫一扫，看视频

基本姿势与步法

球性练习

传接球

运球

投篮

篮板球

基础配合与团队进攻

基础配合与团队防守

体能训练

01 双腿屈膝，以三威胁姿势站立，一侧手于球后部持球，另一侧手辅助扶球。

02 右手持球，在身体右侧击地运球一次。

05 在身体左侧击地运球一次。

06 经胯下将球从身体前方传向后方，右手接球。重复上述步骤，反复练习。

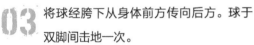

03 将球经胯下从身体前方传向后方。球于双脚间击地一次。

04 左手于腿后接球，将球运至身前。

小提示

在身体左右两侧、两脚间击地运球就叫作三点运球。本练习主要训练球员在各个方位运球。

知识点 🏀

三点运球时，球的运动轨迹呈数字"8"的形状，球员应注意动作的连贯性与流畅性。训练初期，球员可通过增加拍球次数的方式提高对球的掌控力，控好球后再运球至另一只手，这样有助于球感的培养。

扫一扫，看视频

基本姿势与步法

球性练习

传接球

运球

投篮

篮板球

基础配合与团队进攻

基础配合与团队防守

体能训练

01 双腿屈膝，以三威胁姿势站立，一侧手于球后部持球，另一侧手辅助扶球。

02 右手持球，将球由右侧运至身后。

知识点

此动作是运球的基本动作之一，训练时，重点体会运球时身体与球之间的距离。多加练习，可强化训练不看球运球的习惯，有助于提升实战中带球过人的成功率。

05 左手手腕发力，使球于身后击地，反弹至右侧。左右手交替练习。

扫一扫，看视频

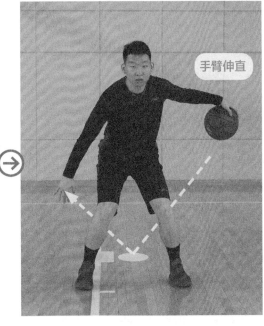

手臂伸直

03 手腕发力，使球在身后击地，反弹至左侧。

04 左手于身后接球，左臂顺势抬至约与地面平行。

更多展示

基本姿势与步法

球性练习

传接球

运球

投篮

篮板球

基础配合与团队进攻

基础配合与团队防守

体能训练

01 双腿屈膝，以三威胁姿势站立，一侧手于球后部持球，另一侧手辅助扶球。

02 右手持球，将球从右侧运至身后。

05 左手手腕发力，使球击地于双脚间，反弹至右侧。

06 右手接球。重复上述步骤，反复练习。

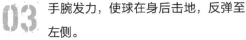

03 手腕发力，使球在身后击地，反弹至左侧。

04 左手于身后接球，单手运球，将球运到身前。

常见问题和纠正方法

 低头看球，接球时身体晃动。

 不论在身前还是身后运球，都应尽量避免低头看球。注意手腕发力的力度与方向，整套动作要连贯。

 本练习旨在提升球员在各个方位熟练运球的能力。实战中，为了躲避对手近距离的防守，借用身体护球是一种常用的方法。

扫一扫，看视频

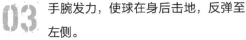

基本姿势与步法

球性练习

传接球

运球

投篮

篮板球

基础配合与团队进攻

基础配合与团队防守

体能训练

01 将 3 个锥桶沿直线摆放，设定好距离，球员右手运球行进。

02 行进至第一个锥桶前，向左侧横跨一步，将球于体前由内向外运。

03 球于体前击地后，回弹至右手。重心从左脚移至右脚。

04 左脚从锥桶右侧向前跨一大步，越过锥桶，右手运球前进至第二个锥桶。按照之前的动作运球，直至绕过第三个锥桶。

小提示 左手的练习要领与右手基本相同，区别在于左手运球，向右跨步。本练习可以锻炼球员的手脚协调性，练习时注意动作要连贯，可以逐渐加快速度。

扫一扫，看视频

绕锥桶运球练习：双球单手运球转换 »

基本姿势与步法

球性练习

传接球

运球

投篮

篮板球

基础配合与团队进攻

基础配合与团队防守

体能训练

身体左倾

01 将 3 个锥桶沿直线摆放，设定好距离，球员双手各持 1 个球，左手持球于腰侧，右手运球行进至第一个锥桶前。

02 左脚向外跨一大步，快速将球于体前由内向外运球，身体重心随之转移。

左手持球姿势不变，不要受到运球动作的影响

03 球击地后，回弹至右手。重心从左脚移至右脚。左脚从锥桶右侧向前跨一大步，越过锥桶。

04 右手继续运球前进至第二个锥桶。按照之前的动作运球，直至绕过第三个锥桶。

扫一扫，看视频

小提示 左手的练习要领与右手基本相同，区别在于左手运球，向右跨步。练习时右手始终持球于腰侧，不要受到运球动作的影响。

01 将3个锥桶沿直线摆放，设定好距离，球员双手各持1个球，右手运球行进，左手始终持球于胸前。

02 行进至第一个锥桶右侧，右手向身体左后方运球，左手持球姿势不变。

03 球在左脚的左后方击地，反弹至身体左侧。

04 朝左侧身，右手接球，继续朝前运球至第二个锥桶前，然后进行身后运球。按照之前的动作运球，直至绕过第三个锥桶。

扫一扫，看视频

小提示 此练习旨在强化球员的背后运球技术，左右手都需练习，要点一致。运球时，非运球手持球姿势保持不变。

绕锥桶运球练习：双球双手交替胯下运球 »

基本姿势与步法

球性练习

传接球

运球

投篮

篮板球

基础配合与团队进攻

基础配合与团队防守

体能训练

准备换球

01 将3个锥桶沿直线摆放，设定好距离，球员双手各持1个球。右手持球于腰间，左手运球前进。

02 行进至第一个锥桶前时进行胯下运球。

03 在球击地的瞬间将右手的球移至左手，并用右手接住反弹过来的球。

04 运球至第二个锥桶前，进行胯下运球。按照之前的动作运球，直至绕过第三个锥桶。

小提示 右手的练习要领与左手基本相同，区别在于右手开始运球。练习时要掌握换手接球、持球的时机，手脚要默契配合，尽量不要掉球，以免打乱行进节奏。

扫一扫，看视频

151

手腕内勾

01 将3个锥桶沿直线摆放，设定好距离，球员双手各持1个球，右手运球行进，左手持球于胸前。

02 行进至第一个锥桶前，以左脚为轴向后旋转身体，以锥桶为圆心，绕锥桶运球一周。

03 向前运球至第二个锥桶前，重复上述转身运球动作。

04 按照之前的动作运球，直至绕过第三个锥桶，完成整套练习。

扫一扫，看视频

小提示 左右手都需练习，要点一致。转身时，注意身体重心要保持稳定，动作幅度不要过大。

双手运球（同时） »

01 左右手各托一球，屈膝，降低身体重心，两脚分开，略宽于肩。

02 五指自然张开，双手同时运球。

03 尽量使两个球击地和反弹的节奏一致。

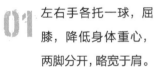
小提示 双手同时运球旨在训练两手同时运球的技巧，注意要养成不看球运球的习惯。

更多展示

扫一扫，看视频

基本姿势与步法

球性练习

传接球

运球

投篮

篮板球

基础配合与团队进攻

基础配合与团队防守

体能训练

01 左右手各托一球，屈膝，降低身体重心，两脚分开，略宽于肩。

02 左右手交替运球，使两个球击地和反弹的节奏错开。

03 运球时身体不要上下起伏晃动，眼睛不要看球。

更多展示

扫一扫，看视频

知识点 🏀

这一练习可以提升非惯用手的运球水平。

双球练习：转身运球 »

01 将 3 个锥桶沿直线摆放，设定好距离，球员双手各托 1 个球，屈膝，两脚间距大于肩宽。

保持同步

02 右脚前跨一步，重心右移，两手同时开始运球。

转身

03 转身 180 度，重心转移至左脚，继续运球，绕过第一个锥桶。

04 运球至第二个锥桶，重复上述步骤，直至绕过第三个锥桶。

小提示 训练初期，可先进行几次原地双手同时运球，找到球的起落与步伐一致的节奏。在转身绕锥桶时适当屈膝以降低重心，保持稳定。

扫一扫，看视频

基本姿势与步法

球性练习

传接球

运球

投篮

篮板球

基础配合与团队进攻

基础配合与团队防守

体能训练

01 将 3 个锥桶沿直线摆放，设定好距离，球员双手各托 1 个球，屈膝，两脚间距大于肩宽。

02 右脚前跨一步，重心右移，双手同时运球。右手手腕屈曲向后发力，朝身体后侧运球，双手交换接球。

03 右手于体前接球，左手于身后接球，身体重心逐渐转移至左侧，双手运球前进。

04 运球至第二个锥桶前，按照上述方法双手交换运球，直至绕过第三个锥桶。

扫一扫，看视频

小提示 双球练习：背后运球是指双手各持 1 个球，以身体为界，一前一后朝对侧运球，并换手接球。此练习可使强弱手都得到训练。

双球练习：交叉运球 »

01 球员双手各托一球，屈膝，两脚间距大于肩宽，开始运球。

由外向内

02 两手向内运球，交叉击地后，双手分别接球，此时球已互换位置。

由外向内

03 一次交叉运球后，再由外向内交叉运球一次。

04 两球分别弹至对侧，双手接球，回到起始姿势。

小提示 训练时，注意运球的角度，使两球的击地点适当错开，避免发生碰撞，这样也有利于提升双手的控球能力。

扫一扫，看视频

基本姿势与步法

球性练习

传接球

运球

投篮

篮板球

基础配合与团队进攻

基础配合与团队防守

体能训练

157

01 球员双手各托一球，屈膝，两脚间距大于肩宽，开始运球。

向内翻转手腕

由内向外

02 朝内侧翻转手腕，由内向外运球。

向内勾手腕

03 球击地后反弹，双手接球，顺势外展两臂，向内侧运球。

常见问题和纠正方法

NO 问题 向外运球时角度过大，向内运球时两球相撞。

YES 纠正 注意向外运球时应以两脚为基准，向内运球时朝向脚踝内侧，不要用力过猛，否则两球容易相撞。

扫一扫，看视频

双球练习：前后侧拉运球 》

基本姿势与步法

球性练习

传接球

运球

投篮

篮板球

基础配合与团队进攻

基础配合与团队防守

体能训练

01 球员双手各托一球，屈膝，降低重心，双脚间距略大于肩宽。

提高重心

02 翻转两臂，掌心朝下，往斜后方施力，同时缩短双脚间距，在腿部两侧运球。

手臂有明显的向后伸、向后拉的动作

向前推球

03 球击地后向后反弹，双手顺势向后拉球，接着向前推球。

04 按要求重复前后侧拉运球动作。

小提示 该练习是指双手各持一球，在身体两侧朝前、朝后运球。注意拉球的高度应约等于胯部的高度，控制好球，避免掉球。

扫一扫，看视频

准备击掌

01 两个球员各持一球,面对面屈膝站立,保持约一条手臂长的间距。两人同时开始运球,并伸出非持球手,准备击掌。

运球频率一致

02 两人运球频率一致,运球几次后击一次掌,并保持这个节奏。左右手各训练 1~2 分钟。

扫一扫,看视频

小提示 训练时,眼睛不看球。注意击掌时,运球不能停,且要保持相同的频率,这有助于提升球员间的默契度。

摸锥桶低重心运球练习：胯下运球 »

基本姿势与步法

球性练习

传接球

运球

投篮

篮板球

基础配合与团队进攻

基础配合与团队防守

体能训练

触摸时稍做停留

01 屈膝，双脚一前一后站立，双手持球于一侧腰前，体前摆放一个锥桶。

02 降低重心，进行胯下运球，球穿过胯下的瞬间，对侧手触摸锥桶。

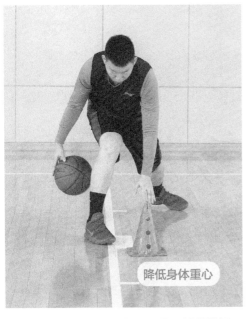

降低身体重心

小提示 训练时要保证运球动作的连贯性，降低身体重心，球尽量不与双腿碰触，手腕内扣，五指张开控球，防止掉球。每次运球时，需伸直非持球手去触摸锥桶。

扫一扫，看视频

03 对侧手于腿后接球，换手触摸锥桶。重复上述动作，反复练习。

161

01 持球于一侧腰前，屈膝，双脚开立，距离大于肩宽。

02 俯身，放低身体重心，右手运球，使球在双脚间击地，左手准备接球。

03 左手接球的瞬间，右手摸锥桶。左右交替，重复练习。

更多展示

小提示 双脚尽量拉开距离，放低重心。在与双膝等高的位置运球击地，手腕内扣，拉近球与身体的距离。

摸锥桶低重心运球练习：体前变向 »

基本姿势与步法

球性练习

传接球

运球

投篮

篮板球

基础配合与团队进攻

基础配合与团队防守

体能训练

手不要离
开锥桶

01 呈弓步姿势，右手运球，左手触摸锥桶。

02 重心在右侧，触摸锥桶后保持姿势，进行一次原地运球。

03 向左侧运球，身体转向左侧，重心随之转移，同时交换前后脚位置。

04 左手接球的同时，右手触摸锥桶。右手不离开锥桶，进行一次原地运球，完成练习。

小提示　切换运球手时，注意身体重心应随之转移，尽量增大双脚间距，保持身体稳定。

双人带网球运球练习：体前运球 »

01 两人配合练习，一人以三威胁姿势手持篮球，另一人单手拿网球。

02 持篮球者开始在体前左右运球，持网球者准备抛球。

网球的运动轨迹呈抛物线状

03 持篮球者一只手运球，另一只手前伸，准备接网球。

04 持篮球者接住网球，注意运球动作不能间断。两人交换角色，重复练习。

小提示 两人距离不要过远，网球的运动轨迹应当呈抛物线状，持篮球者需保持运球状态，不要被抛来的网球打乱节奏。持网球者需集中注意力，注意观察运球者的动作，找准时机再抛网球，便于持篮球者在运球的同时成功接住网球。

扫一扫，看视频

双人带网球运球练习：胯下运球 »

01

两人配合练习，一人双手持篮球于一侧腰前，双脚一前一后站立，另一人单手拿网球。

02

持篮球者进行胯下运球，持网球者准备抛球。

03

持篮球者接住抛出的网球，其间一直保持运球状态，不要间断。两人交换角色，重复练习。

扫一扫，看视频

基本姿势与步法

球性练习

传接球

运球

投篮

篮板球

基础配合与团队进攻

基础配合与团队防守

体能训练

双人带网球运球练习：背后运球 »

01 两人配合练习，一人以三威胁姿势手持篮球，另一人单手拿网球。

02 持篮球者进行背后运球，持网球者准备抛球。

03 持篮球者一边运球，一边准备接住网球。

04 持篮球者接住网球，注意运球动作不能间断。两人交换角色，重复练习。

常见问题和纠正方法

NO 问题 运球时没控好球，或用身体去找球。

YES 纠正 双人带网球运球练习：背后运球是前述两项双人带网球运球练习的进阶版，背后运球时球不要距离身体太近或太远，否则容易掉球。持网球者要看准时机抛球，给持篮球者反应的时间。

扫一扫，看视频

双边线往返练习 »

01

在一侧边线上持球站立，收到指令后开始向对侧边线运球。

02

到达对侧边线后踩线返回。重复练习1分钟。

在两侧边线之间来回运球

知识点 🏀

匀速持续运球1分钟并不是一件容易的事情，因此这是一项锻炼体力和耐力的练习。

图例

 持球球员

➡️ 移动路线

扫一扫，看视频

基本姿势与步法

球性练习

传接球

运球

投篮

篮板球

基础配合与团队进攻

基础配合与团队防守

体能训练

01 将两个锥桶沿直线摆放，间距远一些。球员以三威胁姿势持球。

02 开始控制性运球，朝第一个锥桶行进。

03 行进至第一个锥桶前时降低重心，触摸锥桶。

在两个锥桶间明显提速

04 迅速起身，大步快速运球至第二个锥桶，在两个锥桶间有明显的提速过程。

05 运球至第二个锥桶旁时伸手触摸锥桶，完成练习。

知识点 🏀

此动作可以帮助球员练习利用速度的变化来避开防守。实战中，慢速运球时突然加速，或者快速运球时突然减速或停止，可以有效打破对手的防守节奏，从而突破防守。

扫一扫，看视频

互断对方球 »

基本姿势与步法

球性练习

传接球

运球

投篮

篮板球

基础配合与团队进攻

基础配合与团队防守

体能训练

01 两名球员在中圈内面对面站立，以三威胁姿势持球。

两人同时运球，非运球手寻找机会触碰对方的球。

03 两人在中圈范围内持续运球，同时保护自己的球不被对方碰触。

04 率先将对方的球推出中圈的球员获胜。

小提示 练习时，球员既需要仔细观察对方，也需要运用体前变向、转身运球等技术保护自己的球不被碰触。此练习旨在提升球员的进攻能力和防守能力，有助于球员养成保持视野开阔的习惯，实战中不局限于自己的球，学会纵观全局。

扫一扫，看视频

01 两名球员在中圈直径两端面对面站立，均以三威胁姿势持球，一侧手于球后部持球，另一侧
手辅助扶球。

03 若球员 A 为捉人者，球员 B 为被捉者，球员 A 一边运球，一边努力追上球员 B；球员 B
一边运球，一边躲避。直到球员 A 捉住球员 B，本轮练习完成。双方角色互换，开始下一
轮练习。

逐渐加速运球

基本姿势与步法

球性练习

传接球

运球

投篮

篮板球

基础配合与团队进攻

基础配合与团队防守

体能训练

02 两人分别扮演捉人者和被捉者，然后同时开始运球，在中圈线上移动。

小提示

当球员能够在中圈线上熟练运球后，可以加上中圈内的中场线开展进阶练习，让球员在中圈和中圈内的中场线上移动，以提高球员在锐角转体时的运球水平，帮助球员积累实战经验。

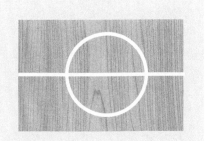

知识点

圆圈捉人的过程中，球员经过不断进行变向运球、变速运球的训练，能提高对篮球的掌控力。不断的追逐进攻与防守，也训练了球员的应变力与观察力。

扫一扫，看视频

171

第5章
投篮

篮球比赛中，参赛球队的胜负由最终得分决定，而投篮的命中率直接决定了球队的最终得分，因此投篮是一项关键的技术。本章将详细介绍有关投篮的知识及练习技巧。

关于投篮

投篮是所有篮球技术中最具趣味性的技术,其形式丰富多样,富有观赏性,深受专业球员和大众的喜爱。下面一起来了解有关投篮的基础知识吧!

投篮的基础知识 »

>>> 轨迹呈抛物线状

由于篮筐位于较高处,所以投出篮球的高度至少要与篮筐的高度相等。投篮时手臂适当弯曲,以 55~60 度角向上投掷篮球,使轨迹呈抛物线状。

>>> 手部发力投篮

投篮时,双脚蹬地发力,将下肢的力量传导至上肢,最终手腕屈曲发力,指腹施力向前上方推出篮球。食指指尖轻触篮球施加的旋转的力量,会使篮球稳定地后旋飞行,同时也有助于微调投篮距离与反弹角度。

>>> 目视篮筐

投篮时注视篮筐,瞄准篮筐正前方。与篮板成 45 度角时,可以选择擦板投篮方式,最佳位置如右图所示。尽可能快速锁定目标位置并紧盯目标,而后出手直到篮球击中目标。在实战中紧盯篮筐还可以大大减少周围环境带来的干扰。

夹角 45 度

>>> 投篮的手部姿势

投篮手的手指应自然伸展,掌心朝向篮筐,五指张开持球,手指、掌根以上部分触球,拇指与食指的夹角约为 70 度。另一侧手则在一侧辅助扶球。注意手部要放松,想象一下自然握手的姿势。

基本姿势与步法

球性练习

传接球

运球

投篮

篮板球

基础配合与团队进攻

基础配合与团队防守

体能训练

≫≫ 肘位

准备投篮时，手部放松，避免投篮手前臂及手部紧张而影响投篮质量。以舒适的姿势屈肘 90 度，将篮球高举于额前上方，投篮手的肘部微向内，使肘部、篮球与篮筐处于一条直线上，注意篮球不要遮挡视线。

建立投篮信心 ≫

≫≫ 相信自己

篮筐看似较小，但它其实可以同时容纳 3.5 个篮球，因此只要平时多加练习，保证动作标准，技术娴熟，投中篮筐的概率并不低。篮球不仅是一项体育运动，也是一项培养篮球精神的运动，一名球员自信与否，将决定其在场上的运动表现及精神状态。

≫≫ 投篮后保持高举动作

在投篮后依然要保持手部高举的跟随动作，这不仅是日常训练的要求，也可以增强球员的投篮信心，让球员看起来更加专业，更增添了作为一名优秀投手的仪式感。

有节奏地投篮 ≫

在反复练习，熟悉基础的投篮动作之后，若想真正拥有"人球合一"的投篮技术，球员就不要刻意反复练习之前的技术，不要让动作机械化，被技术"封印"，而要做到有血有肉，有节奏地、自然地投篮。此外，投篮节奏要与身体节奏一致，投篮时膝盖微屈，腿部上下移动，手臂也应该跟着移动，而不是只调整篮球的高度。

 小提示 大部分投篮练习可能只能由自己一个人完成，因此，不断自我鼓励、自我纠正，才能不断提高技术水平，建立信心。

基本投篮方式

若想提高投篮成功率，必须熟练掌握基本投篮方式。球员需不断练习，养成良好的投篮习惯，日后才可能有更出彩的表现。

屈肘 90 度，上臂与躯干成 90 度角

01 双手持球于胸前，身体微微前倾，膝盖微屈，两脚分开，与肩同宽，瞄准篮筐。

02 抬高两臂，提高身体重心，将球举至投篮手一侧的额前上方。

知识点

跳投动作在比赛中使用频率非常高，训练时可着重体会投篮的节奏感，保持手部和腿部的协调性。应在身体跃起和手臂伸直的最高点出手，以避免被防守球员盖帽。出手后继续保持跟随动作，至双脚原地降落，球入篮筐。

手臂同时
向上伸展

→

向正上方跳起

手指触球

躯干挺直

03 双脚同时起跳，到达最高
点时将球朝篮筐方向投出。

小提示

投篮时，投篮手手腕屈曲，
指尖施力下压，将球推出，
指尖朝向篮筐。辅助手仅
使球保持平衡，不施力，
指尖朝上。

扫一扫，看视频

基本姿势与步法

球性练习

传接球

运球

投篮

篮板球

基础配合与团队进攻

基础配合与团队防守

体能训练

01 两名球员配合练习，一人站在三分线外准备投篮，另一人在三分线内进行防守。

02 持球球员找准机会跳投，防守球员随即跳起并高举双手，设法阻止其投篮。

小提示

三分球能助力球队获得更高的分数，备受球员的青睐。由于三分线距离篮筐较远，三分球对球员的跳跃高度、平衡力、投篮的力度与准确度有很高的要求。球员应加强训练，尽量不看线就能在准确位置投篮，使整套动作连贯流畅，不给防守球员抢断或盖帽的准备时间。

扫一扫，看视频

三步上篮（高手上篮）»

 →  →

手位于球
的底部

01 加速运球，在位置区
启动上篮，快速跨出第
一步。

02 持球于身前，继续向
前跨出第二步，视线
锁定篮筐。

03 迈出第三步时，单手
持球高举，同时投篮
手对侧脚蹬地发力跃
起，在最高点时手部
发力将球投出。

小提示 不要跑到篮筐下方再起跳，跳起时腰部要有意识地向上提起。手位于球的底部，用
手指将球用力推出。用远离防守球员的手进行投篮，以摆脱对手的干扰。

知识点

三步上篮也就是跑步上篮，是球员持球突破切入篮下时常用的投篮方式。
三步上篮通常在最后几步加速，将身体冲力转化为向上的力，最后起跳
投篮，助力身体跳得更高，离篮筐更近。

扫一扫，看视频

基本姿势与步法

球性练习

传接球

运球

投篮

篮板球

基础配合与团队进攻

基础配合与团队防守

体能训练

目视篮筐

手臂伸直，手指拨动篮球

01
加速运球，在位置区启动上篮，快速跨出第一步。

02
持球于身前，继续向前跨出第二步，视线锁定篮筐。

03
迈出第三步时，单手掌心向上，持球高举。同时投篮手的对侧脚起跳，至最高点时，手指发力将球投出。

小提示
上篮时，手臂伸直，用手指托住球的底部，手指拨动球，使其前旋抛出。注意不要过多地晃动球，要护球以免被抢断。

知识点 🏀
练习时，要熟练掌握单脚起跳技术、投篮手一侧的手臂与身体配合的方式，流畅并准确地上篮。

扫一扫，看视频

欧洲步上篮 »

01 用锥桶模拟防守球员，挡在投篮球员前方，投篮球员准备上篮。

第一步可以小一些

右脚外展跨步

02 持球前进，向锥桶一侧跨步，模拟将防守球员吸引至跨步脚方向。

第二步略大

03 向锥桶另一侧跨出一大步，同时重心也随之转移到另一侧，注意动作要一气呵成，保持身体稳定。

起跳脚

04 刚落地的脚发力，蹬地向上跳起，单手持球高举，在身体跃至最高点时，手臂伸直，手腕发力将球投出。

扫一扫，看视频

知识点 🏀

第一步用于误导防守球员，第二步的方向才是真正要上篮的方向。

基本姿势与步法

球性练习

传接球

运球

投篮

篮板球

基础配合与团队进攻

基础配合与团队防守

体能训练

01 视线锁定篮筐,运球前进,跨出第一步。

02 持球于身前,紧接着跨出第二步。根据与篮筐的距离调整步伐大小。

手腕向上翻转

03 第二步落地后,投篮手对侧脚发力跳起,在身体到达最高点时,掌心朝向篮筐,手指拨球并将球投出。

知识点 🏀

采用此动作投篮时,需手腕翻转从上方投篮,手臂在耳侧上举。即使抛投结束,视线也不要离开篮筐,要确认球是否投进,做好准备抢篮板球。面对防守球员时,尤其是高个子防守球员,投篮球员可采用此动作,跳得足够高,使对手无法触及篮球,防止被盖帽。

扫一扫,看视频

上反篮 »

01 视线锁定篮筐，运球前进。

02 双手持球，大跨步从篮筐前方跑向另一侧边线，模拟躲避篮下的防守球员。

先双手持球再单手持球

03 蹬地跳起，双手持球于半空中，由远离篮筐一侧的手持球上举，在身体跳起最高点时，单手投篮。

知识点 🏀

上反篮是篮下投篮的常用方式之一。投篮球员站在篮下，且前方有防守球员阻拦时，可通过此动作躲避防守，寻找更好的投篮角度。以从右侧开始为例，投篮球员需面对篮筐，穿过篮下到左侧起跳，用左手投篮。注意投篮的角度不要过大。练习时，要左右两侧交替进行，以提高左右手的投篮命中率。

扫一扫，看视频

基本姿势与步法

球性练习

传接球

运球

投篮

篮板球

基础配合与团队进攻

基础配合与团队防守

体能训练

在与篮筐距离较近时通常使用勾手投篮的方式

01 双手持球，双脚–前–后站在位置区一侧的中位上，准备开始行进。

启动时先不看篮筐，使防守球员猜不出真实意图

02 双手持球于身前一侧，跨出第一步，进入油漆区。

临近篮筐时，瞄准篮筐

03 向前跨出第二步，目视篮筐。与前面的动作要连贯。双手持球于身前，防止被抢断。

手臂贴近耳朵

04 跨出第三步，行进至侧对篮筐，单手将球从耳侧高高举起，同时投篮手对侧脚起跳。在最高点时，手臂由外向内挥动，勾手将球投出，非投篮手在身体一侧阻拦对手。

扫一扫，看视频

知识点

投篮时，侧对篮筐，使用远离防守球员的手投篮，手腕内勾发力。

起跳勾手投篮 »

双手位于球的后部

右臂尽量贴近耳朵，垂直上举

双脚同时跳起

01 持球站在合理冲撞区外，双膝微屈，侧对篮筐。

02 单手将球向上举起，同时双脚发力，原地向上跳起。在最高点伸直投篮手，手指用力将球旋转着投进篮筐。

投篮手手指指向篮筐

03 投篮后双脚同时落地，投篮手手指指向篮筐，保持投篮姿势至球入筐。

小提示 起跳勾手投篮时可以利用自己的身体将防守球员与球隔开，特别是面对高大的防守球员时，可以保护球不被抢夺或盖帽，提升投篮命中率。落地后也要保持投篮姿势，如果球未进篮筐要及时抢篮板球。

扫一扫，看视频

基本姿势与步法

球性练习

传接球

运球

投篮

篮板球

基础配合与团队进攻

基础配合与团队防守

体能训练

第 5 章

5.3

接球后投篮

接球后投篮是常见的情况之一，球员在接球前后都要仔细观察队友的传球路线，找到有利于投篮的空位，选择适合自己的投篮方式来争取得分。

举手示意队友传球

01 有空位投篮的机会时，要及时举手示意控球的队友，让队友看到并传球。此处球员 B 示意自己空位，无人防守，准备接球。

03 球员 B 以右手为投篮手接球，以左手为辅助手一起持球。接球时双腿保持屈膝状态，为投篮起跳做准备。

胸前传球

扫一扫，看视频

02 球员 A 可根据场上情况采用合适的方式传球，球员 B 呈基本接球姿势。此处
采用胸前传球的方式传球。

04 球员 B 接球后原地跳起，瞄准篮筐即刻进行投篮。
持续练习约 30 秒后，两人互换角色，重复练习。

基本姿势与步法

球性练习

传接球

运球

投篮

篮板球

基础配合与团队进攻

基础配合与团队防守

体能训练

强手一侧接球后投篮 »

01

两人一组开展训练，面对面各站在一侧肘区。此处球员 A 右手为强手，球员 B 持球。

强手

02

球员 B 采用胸前传球的方式进行传球。球员 A 双手放松，强手前伸，准备接球。

03

强手在前接球后，掌心托住球的后部。弱手同时辅助扶球，准备投篮。

扫一扫，看视频

小提示 接球后，转身面对篮筐，直接跳起投篮。强手是右手的球员，接球后用右手投篮，反之用左手投篮。

弱手一侧接球后投篮 ≫

01

两人一组开展训练，面对面各站在一侧肘区。此处球员 A 左手为弱手，球员 B 持球。

02

球员 B 采用胸前传球的方式进行传球。球员 A 双手放松，弱手前伸，准备接球。

弱手在前接球

03

弱手在接球后，掌心托住球的后部。强手辅助持球，准备投篮。

小提示 如果弱手接球时的姿势不是常用手势，也可以后撤一步，稍做调整再进行投篮，要以成功得分为目的进行投篮。

扫一扫，看视频

基本姿势与步法

球性练习

传接球

运球

投篮

篮板球

基础配合与团队进攻

基础配合与团队防守

体能训练

运球后投篮

面对严密防守时，投篮球员需通过运球改变球的移动轨迹，或运用假动作转移防守球员的注意力，防止被抢断或被盖帽，从而摆脱防守进行投篮。本节将介绍运球后投篮的相关技术。

一次运球后投篮：投篮假动作 »

01 进攻球员持球，防守球员在其面前进行防守。

起身假装投篮

02 进攻球员起身高举球，做出投篮姿势，吸引防守球员的注意。

不投篮，下蹲躲过防守

03 迅速下蹲，完成一次投篮假动作。身体要像弹簧一样伸缩。

迅速起身投篮

04 进攻球员趁机快速原地起跳，将球投出。

小提示 当防守球员随着投篮假动作下蹲防守时，进攻球员突然起身投篮，可打乱其防守节奏。

扫一扫，看视频

一次运球后投篮：试探步跳投 »

01 进攻球员持球，防守球员在其面前进行防守。

02 进攻球员向前迈出一步，作为试探步，吸引防守球员的注意，然后迅速撤回跨步脚。

防守球员来不及防守

双脚跳起

03 进攻球员跳投。

常见问题和纠正方法

NO 问题 整套动作不连贯，球被抢断。

YES 纠正 试探步的动作连接要迅速，且步伐不要过大，跨步后迅速撤步，瞄准篮筐，快速跳起再投篮。注意不要来回试探，一次即可。

 小提示 试探步就是进攻球员先跨出一步，身体同时侧移，使用假动作使防守球员跟进防守，然后快速撤步，趁防守球员不备，立即投篮。

扫一扫，看视频

基本姿势与步法

球性练习

传接球

运球

投篮

篮板球

基础配合与团队进攻

基础配合与团队防守

体能训练

①迈步

01 进攻球员持球，防守球员阻挡在其面前进行防守。

02 进攻球员朝内侧迈出一步，吸引防守球员的注意，防守球员立即侧倾身体进行阻拦。

②撤步

快速突破至篮下投篮

03 进攻球员迅速撤步，躲避来自前方的防守。此时防守球员也撤回脚步，跟进防守。

04 趁防守球员不注意，进攻球员再次朝内侧快速跨步跑出，从防守球员一侧突破至篮下投篮。

扫一扫，看视频

小提示 在开始突破时，将重心放在非跨步脚上，可避免它移动或者在运球之前抬起，导致带球走违例。

一次运球后投篮：突破步交叉突破上篮 »

中枢脚

01 进攻球员持球，防守球员在其面前进行防守。

02 进攻球员以左脚为中枢脚，右脚先向右跨一大步，重心随之右移，吸引防守球员侧身阻拦。

重心左移

向篮下突破

03 进攻球员随即左脚向前跟进，然后左脚立即向前跨一大步，越过防守球员，完成一次交叉突破。

04 此时进攻球员将防守球员挡在身后，伺机突破到篮下投篮。

小提示 运球范围不宜过大，应向外侧直线跑动以远离防守球员。使用头部和右侧肩部护球，不给对方抢断或盖帽的机会。

扫一扫，看视频

基本姿势与步法

球性练习

传接球

运球

投篮

篮板球

基础配合与团队进攻

基础配合与团队防守

体能训练

193

01 进攻球员以三威胁姿势持球，防守球员在其面前进行防守。

拉开距离

03 进攻球员快速撤回跨步脚，双手持球，此时与防守球员拉开了距离，防守球员来不及上前防守。

快速向前跨一大步

基本姿势与步法

球性练习

传接球

运球

投篮

篮板球

基础配合与团队进攻

基础配合与团队防守

体能训练

02 进攻球员一侧手运球，对侧脚突然向前跨出一大步，逼近防守球员，假意运球前进，防守球员被迫后退。

快速跳起投篮

04 进攻球员立即伸展全身，抓住时机进行跳投。当防守球员在面前严密防守时，进攻球员可采用此战术，强势逼退防守球员，再迅速返回原位，为投篮争取更大的空间。

扫一扫，看视频

195

向强手一侧跨步

迅速收回右脚

01 防守球员阻挡进攻球员投篮。若进攻球员右手为强手，进攻球员假意向右侧跨步，吸引防守球员的注意。

02 进攻球员迅速回到起始位置，此时防守球员以为进攻球员要向左侧进行交叉突破。

03 进攻球员并不会向左侧前进，而是再次向右侧跨步，随即突破。防守球员扑空，进攻球员获得投篮机会。

04 进攻球员快速突破到强手一侧（防守球员左侧），然后快速进行跳投。

扫一扫，看视频

小提示

跳投前要双手持球，不要给防守球员抢断的机会。本练习主要训练球员突破到强手一侧进行跳投。

突破到弱手一侧跳投 »

01 防守球员阻挡进攻球员投篮。若进攻球员左手为弱手，进攻球员假意向右侧跨步，吸引防守球员的注意。

02 进攻球员迅速回到起始位置，然后通过大跨步来到防守球员右侧，也就是自己的弱手一侧。

03 双脚快速调整，目视篮筐找准位置，准备跳投。

目视篮筐

04 双手持球举过头顶，进行跳投。

小提示 实战中节奏紧张，需要球员根据现场情况当机立断，如果只习惯于强手侧运球、投篮等，则很可能丢失进攻机会。所以球员要多练习弱手侧的动作，以提高命中率。

扫一扫，看视频

基本姿势与步法

球性练习

传接球

运球

投篮

篮板球

基础配合与团队进攻

基础配合与团队防守

体能训练

01 进攻球员持球，防守球员在其面前进行防守，阻止其前进投篮。进攻球员先迈右脚，开始进行交叉突破。

02 进攻球员向左侧跨步，准备转身运球；使用外侧手运球突破，内侧手护球。

中枢脚

05 进攻球员瞄准篮筐，调整站位，趁防守球员未上前阻拦时，立即双脚起跳，将球投出。

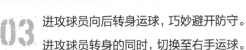

快速转身

03 进攻球员向后转身运球，巧妙避开防守。进攻球员转身的同时，切换至右手运球。

04 进攻球员转身面向篮筐，切换运球手后，左手在一侧护球，避免球被抢断。

小提示

转身时速度要快，所以保持身体平衡十分重要。训练初期，转身后立即跳投，命中率可能不高。但是多次练习后，球员应该能够掌握迅速转身后保持身体平衡的要领，并做到在不失重心的同时，对篮筐有一定的方向感，这样命中率就会得到提高。

常见问题和纠正方法

NO 问题　向后转身时运球范围过大，防守球员盗球成功。

YES 纠正　在向后转身运球时，及时切换运球手，始终用远离防守球员的手运球，手腕内勾，尽量让球贴近身体。

扫一扫，看视频

基本姿势与步法

球性练习

传接球

运球

投篮

篮板球

基础配合与团队进攻

基础配合与团队防守

体能训练

199

投篮强化练习

所有的投篮都是以得分为目的的，精准地将球投进篮筐是得分的关键。为确保球员创造更多优质的投篮表现，投篮强化练习必不可少。

触摸锥桶

01 两人一组进行练习，球员A站在罚球线上，身前摆放一个锥桶，球员B站在篮下半圈的弧顶内侧。球员B双手持球，球员A降低重心，两脚前后站立，右手触摸锥桶。

03 球员A接球后两脚迅速站定，双腿屈膝，目视篮筐，准备投篮。

基本姿势与步法

球性练习

传接球

运球

投篮

篮板球

基础配合与团队进攻

基础配合与团队防守

体能训练

02 球员 B 以胸前传球的方式将球传给球员 A，球员 A 双手接球。

迅速转身，
紧盯球

双脚同时跳起，在
最高点将球投出

04 球员 A 站定后原地跳投，球员 B 站在合理冲撞区内转身观察球的落
点，准备接球。重复练习，球员 A 投中一定次数后，两人交换角色，
继续练习。

扫一扫，看视频

握拳但不对球施力

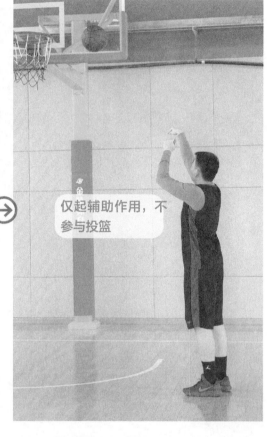

仅起辅助作用，不参与投篮

01 单手持球于额前上方，站在篮下。持球手托于球的底部后方，非持球手在球的一侧握拳。

02 伸直投篮手一侧的手臂，单手发力将球投出，辅助手始终握拳，不对球施力。

小提示

此练习的目的是不让辅助手在投篮时施力，让它仅仅起辅助作用。练习时，球员要有意识地压制辅助手的力量，避免其干扰投篮手。球员投中后，可后退至三分线位置。

扫一扫，看视频

罚球后保持跟进动作练习 »

观察篮筐，保持
罚球动作

01

球员站在罚球线外，目视
篮筐，准备投篮。

知识点

罚球有时能影响一场
比赛的胜负。因此，
保持较高的罚球命中
率至关重要。多加训
练，牢记在罚球线投
篮的感觉。

投篮后保持这个
动作，观察球是
否投进

02

持球手手腕发力将球投
出，非持球手五指张开在
一旁辅助。投篮后保持这
个动作直到球进篮筐，如
果没有投进则快速开始
抢篮板球。

扫一扫，看视频

基本姿势与步法

球性练习

传接球

运球

投篮

篮板球

基础配合与团队进攻

基础配合与团队防守

体能训练

203

背部挺直

背部、肩膀、手臂、手腕、手指依次发力

01 在油漆区内放置一把椅子，其位于篮下半圈外，与篮筐成 45 度角。球员背部挺直，双手持球坐于椅上，目视篮筐。

02 双手将球举过头顶，伸展手臂进行投篮。投篮后保持该姿势直到球进篮筐。

更多展示

知识点 🏀

椅上投篮降低了球员的投篮高度，使投篮难度增加，能极大地提升球员的投篮能力。椅上投篮，使球员可以均匀地分配自己的身体重量，这能极大地帮助球员获得投篮所需的力量。

扫一扫，看视频

擦板投篮 »

瞄准篮板上的正方形右边线上方

与篮板夹角约为45度

01 球员站在和篮板夹角约为45度的位置，投球目标为篮板。

02 瞄准篮板上的正方形右边线上方进行投篮，在球经过篮网之前，动作保持不变。

小提示

一般情况下，在左右两侧擦板投篮，可使球轻柔地砸到篮板并反弹进篮筐。球员处于和篮板的夹角约为45度的位置，擦板投篮的命中率更高。

扫一扫，看视频

基本姿势与步法

球性练习

传接球

运球

投篮

篮板球

基础配合与团队进攻

基础配合与团队防守

体能训练

01

两人一组进行练习，一人持球站在禁区弧顶，另一人站在篮下半圈内侧。

02

接球球员从篮下跑至油漆区外侧，持球球员传球，接球球员接球。

03

接球球员接球后迅速转身，面向篮筐进行跳投。两人交换角色，反复练习。

扫一扫，看视频

基本姿势与步法

球性练习

传接球

运球

投篮

篮板球

基础配合与团队进攻

基础配合与团队防守

体能训练

侧翼、底角投篮 »

站在底角

01 两人配合练习，球员 A 持球站在篮下半圈内，球员 B 站在三分线内，靠近底线的位置（即底角）。

02 球员 A 以胸前传球的方式传球给球员 B 后，迅速切换为防守姿势。球员 B 接球后在底角投篮。

03 球员 B 投篮后马上移动至侧翼，准备接球。球员 A 在篮下接球后迅速传球给球员 B。

在侧翼投篮

04 球员 B 接球后迅速投篮。两人交换角色，反复练习。

扫一扫，看视频

01 3人配合练习。球员A站在篮下，球员B站在侧翼，球员C站在靠近底线的三分线内侧，在球员B、C身前分别放置一个锥桶，以明确站位。球员A、B持球，球员C准备接球。

03 球员B接球后转身面向球员C，球员C接球后原地进行投篮，球员A准备接球。

小提示 训练初期可能会出现传球方向混淆、同时传球等情况，此时可先慢速练习。之后加快速度，并不断加快轮换速度，以锻炼球员的应变能力和投篮时的球感。

基本姿势与步法

球性练习

传接球

运球

投篮

篮板球

基础配合与团队进攻

基础配合与团队防守

体能训练

02 球员 B 传球给球员 C 后，立即转身朝向球员 A，准备接球员 A 传来的球。

04 球员 A 接球后 3 人逆时针轮换位置，球员 C 来到篮下，球员 B 来到底角前锥桶位置，球员 A 站在侧翼锥桶位置。按照上述方法，开始新一轮的投篮练习。

扫一扫，看视频

01 球员以三威胁姿势持球，双腿屈膝站在篮下半圈的一侧。瞄准篮筐，原地起跳，进行投篮。

02 投篮后立即转身跑向罚球线。到达罚球线后踩线。

03 转身快速跑回篮下，在球未反弹较远之前俯身拾球。

04 持球跑至篮下半圈弧顶，瞄准篮筐，进行投篮。

小提示 整个过程所用的时间要控制在 30 秒以内，故投球后跑向罚球线再折返的速度要快。此练习有助于提升球员的跑步速度和灵敏度。

基本姿势与步法

球性练习

传接球

运球

投篮

篮板球

基础配合与团队进攻

基础配合与团队防守

体能训练

六位投篮 »

在球场上用锥桶标记 6 个位置。投篮球员 A 在标记①处投篮后移动到标记 ②处。球员 B 在篮下，接住反弹的球后把球传给 A。以此类推，直至在标记⑥处投篮完毕。

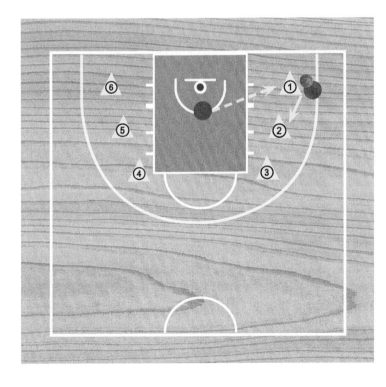

图例

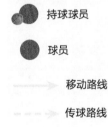

持球球员

球员

移动路线

传球路线

锥桶

扫一扫，看视频

单手运球投篮（直线）≫

可使用三步上篮
的方式进行投篮

在半场内沿直线摆放 4 个锥桶，设定好距离。球员从中圈附近的锥桶开始沿着锥桶，从快速大跨步的方式进行直线运球，到篮下时进行单手投篮。

图例

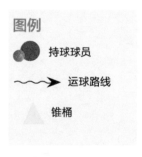

持球球员

运球路线

锥桶

扫一扫，看视频

212

单手运球投篮（弯道）≫

基本姿势与步法

球性练习

传接球

运球

投篮

篮板球

基础配合与团队进攻

基础配合与团队防守

体能训练

图例

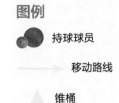

持球球员

移动路线

锥桶

在半场内沿直线摆放 4 个锥桶，设定好距离。按照上图所示的路线，球员从中圈附近的锥桶开始依次绕过锥桶，沿着带弯道的移动路线运球，到篮下时进行单手投篮。

小提示

实战中，对方球队会安排更多的球员在己方后场或对方后场进行防守，以阻止我方持球球员靠近篮筐进行投篮。此练习以锥桶为障碍物，模拟球员运球依次躲过防守球员，突破至篮下进行投篮。跑步上篮时，投篮手同侧腿屈膝近 90度，保持上半身直立，从而使身体跳得更高。

扫一扫，看视频

只能运三次球

三次运球投篮指的是从一侧底线向另一侧篮筐运球，运球次数限制在三次，到达篮下后上篮。练习时球员在底线处持球站立，向对面篮筐运球。注意在整个过程中应全速运球，并将运球次数控制在三次。

小提示

三次运球成功上篮并不是一件容易的事。刚开始可以试一下自己运多少次球才能成功上篮，而后逐渐提升跑步速度和运球技巧，多加练习以提高成功率。

图例 ● 持球球员 ～～～➤ 运球路线

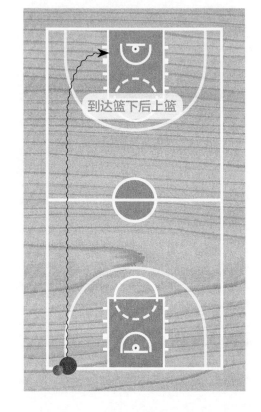

到达篮下后上篮

两人跳跃投篮 »

像跳绳一样小
幅度跳跃

01 两名球员面对面站立。球员 A 站在位置区，以三威胁姿势持球，球员 B 位于篮下，准备接球。

02 球员 B 连续小幅度跳跃，如跳绳般保持一定的节奏。

03 球员 A 找准时机，传球给球员 B。球员 B 准备接球。

04 球员 B 接球后，以原有的跳跃节奏起跳投篮。

小提示 投篮球员进行多次投篮练习，投中 10 个球后，两人互换角色，继续练习。

基本姿势与步法

球性练习

传接球

运球

投篮

篮板球

基础配合与团队进攻

基础配合与团队防守

体能训练

01 在位置区外侧放置一个约 30 厘米高的
凳子。球员双手持球于胸前，站在凳子上。

02 球员以双手持球的姿势从凳子上跳下来。

05 将球投出，球落地前保持投篮姿势。

迅速起跳

落地后立即起身

03 双脚同时落地，双腿屈膝，保持身体稳定。随后立即起身，视线锁定篮筐。

04 伸展身体，迅速起跳，双手举球过头顶，准备投篮。

知识点 🏀

在实际比赛中，球员经常会遇到需要在空中接球，并在落地的瞬间快速起跳投篮的情况。球员落地后，应利用缓冲的力量，迅速起身跳起投篮，这样有助于跳得更高，同时也不会给防守球员抢断或盖帽的机会，从而提升投篮命中率。

小提示 落地动作对身体的冲击力较大，容易损伤膝盖或脚踝，故落地时应注意屈膝，以缓冲冲力，练习前需充分热身。

扫一扫，看视频

基本姿势与步法

球性练习

传接球

运球

投篮

篮板球

基础配合与团队进攻

基础配合与团队防守

体能训练

01 设定 60 秒，计时开始。球员从底线和油漆区一侧的交点处开始运球。运球手为限制区外侧的手。

02 球员右手运球，沿限制区边线移动，经过右侧肘区。

05 快速跑至篮下拾球，然后持球跑至底线和限制区另一侧的交点处，按同样的方法练习，此时换左手运球。

06 从步骤 01 开始，计算 60 秒内成功投篮的次数。

基本姿势与步法

球性练习

传接球

运球

投篮

篮板球

基础配合与团队进攻

基础配合与团队防守

体能训练

03 至罚球线与禁区弧顶的第一个交点时右转，沿禁区弧顶线继续向前运球。

04 运球至左侧肘区，面向篮筐，双手持球于身前，进行跳投。

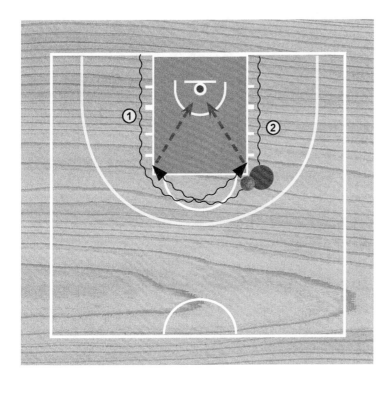

图例

持球球员

━━━▶ 运球路线

- - - ▶ 投篮路线

背对篮筐

01 球员站在罚球线上，背对篮筐，以三威胁姿势持球。

正对篮筐

03 双脚稳稳落于原地，面对篮筐，以三威胁姿势持球，视线锁定篮筐。

小提示

训练初期，可先尝试小一点的转体角度，比如先尝试 90 度跳转，再尝试 180 度跳转，最后可以进阶练习 270 度跳转。在一次次跳跃、转身、落地中保持身体重心稳定，以提高投篮命中率。

在空中持球
并转身

基本姿势与步法

球性练习

传接球

运球

投篮

篮板球

基础配合与团队进攻

基础配合与团队防守

体能训练

02 双脚蹬地起跳，手持球于身前，在空中旋转 180 度。

在身体到达最高
点时将球投出

04 伸展身体，迅速起跳，双手举球过头顶，进行跳投。

知识点

该练习需要球员在转身后立即投篮，在保持身体平衡的同时兼顾速度。

训练初期命中率可能不高，建议多加练习，不要灰心。

扫一扫，看视频

01 4名球员配合练习。球员A、B为进攻方，球员C、D为防守方。球员A持球站在三分线外，球员C在其身前进行防守，球员B在篮下等候，球员D在球员B一侧进行防守。

02 球员A用远离球员C一侧的手运球向内线进攻。球员C紧跟球员A进行防守，阻止其传球或投篮。

05 球员B接球后，迅速蹬地起跳，进行投篮。

03 球员 A 继续带球内切，此时球员 C 在其身侧防守，球员 D 在其身前防守，挥动或举起双臂阻拦其投篮，防守方二人的注意力都在球员 A 身上，球员 B 趁机移动至篮下无人防守的位置。

04 球员 B 向队友示意，球员 A 抓住时机，选择合适的传球方式，传球给处于内线空位的球员 B。球员 B 集中注意力，准确接球。

> **知识点** 🏀
>
> 越靠近篮筐的区域，防守球员就越集中，持球球员从外线突破进内线，直接投篮难度系数较高，此时对手的注意力几乎全集中在持球球员身上，突破阻力较大。因此，持球球员需要与队友默契配合，转移防守球员的注意力，将球传给空位队友，这样有助于提升球队的投篮命中率。

小提示 传接球时，队友之间需要默契配合，抓准时机，准确传球、接球。传球时，注意防守球员的动作，并使用恰当的传球方式，以防止被抢断。

扫一扫，看视频

基本姿势与步法
球性练习
传接球
运球
投篮
篮板球
基础配合与团队进攻
基础配合与团队防守
体能训练

从防守球员
绕过

01 4名球员配合练习。球员A、B为进攻方，球员C、D为防守方。球员A持球站在三分线外，球员C在其身前进行防守，球员B在篮下等候，球员D在球员B一侧进行防守。

03 球员B向队友示意，球员A抓住时机，选择合适的传球方式，传球给处于空位的球员B。球员B集中注意力，准确接球。

小
提
示

此练习的要点是突破防守，吸引防守球员的队友过来协防，从而为处于空位的进攻球员创造投篮机会。

基本姿势与步法

球性练习

传接球

运球

投篮

篮板球

基础配合与团队进攻

基础配合与团队防守

体能训练

跑到合适的位置接应

02 球员 A 绕过球员 C，直接向内线突破。此时，球员 C、D 的注意力都集中在球员 A 身上，两人同时对其进行防守。球员 B 在油漆区外准备接应。

04 球员 B 接球后，快速跳投。此时篮下的防守球员要集中注意力，准备抢篮板球。

知识点 🏀

突破分球后投篮是一种入门级的配合方法，需要球员之间默契配合。在底角附近接球投篮的球员，通常是擅长三分球投篮的球员。

扫一扫，看视频

第 6 章
篮板球

篮板球往往能左右比赛的胜负，需要球员有强烈的抢球意识。与其他篮球技术不同，篮板球技术不仅要求球员进行大量练习，还考验球员的思考能力、应变能力、身体素质及心理素质等。本章将对篮板球进行详细介绍。

Chapter 6

关于篮板球

篮板球是影响比赛胜负的重要因素。球员既要有抢篮板球的习惯和意识，又要重视并具备防守篮板球的能力。

篮板球概述 »

抢篮板球最重要的就是具备抢球意识。一般来说，掌握篮板球技术的球队，通常能控制整场比赛，这是决定比赛胜负的重要因素。当对方投篮不中时，争抢篮板球能为球队增加得分机会，同时防守篮板球也能减少对手的得分机会。

关于篮板球的要点 »

››› 预测球的落点

观察篮筐、篮板，经过训练来确定球反弹的力度大小。通常情况下，球如果未被投进篮筐，会经篮筐反弹到投篮位置的对侧：若在中等距离远处投篮，则落点在篮筐周围 3.5 米以内；若在三分线处投篮，落点则在 3.5 米外。投篮的高度越高，速度越快，落点离篮筐越近。

> **知识点** 🏀
>
> 在平时的训练中，可多观察队友的身高、体能及弹跳能力等，参照他们的表现来预测对手的表现，为自己的抢篮板球实战积累经验。

››› 重视阻拦防守

抢篮板球的要点，其实就是在球下落时比对手更靠近篮球，从而抢占先机。故在抢篮板球时，球员要学会提前卡位，站在对方球员内侧，可以将手臂、肩部、背部、腰部、臀部紧贴对方球员，利用身体阻止对方球员向篮下移动。

››› 增强快速移动与弹跳的能力

无论是争抢篮板球还是防守篮板球，都需要球员具备快速移动的能力。作为进攻球员，你需要在防守方附近快速移动，进行传球，待队友投篮后准备接球；而作为防守球员，你需要通过快速移动来阻止对手投篮，并伺机抢断。快速且质量较高的起跳对于抢篮板球来说具有很大优势，球员需具备连续起跳的能力。

基本姿势与步法

球性练习

传接球

运球

投篮

篮板球

基础配合与团队进攻

基础配合与团队防守

体能训练

进攻篮板球 》

进攻篮板球的关键是快速移动。每次投篮后，球员都需具备上前抢篮板球的意识。进攻球员要用坚定快速的步伐越过防守球员并跳起抢篮板球，注意养成双手抢球的习惯也非常重要。当双手无法同时抢篮板球时，可以使用一只手向篮筐拨球，或辅助队友抢球。注意进攻篮板球时一定不要停止移动，这样才不会被对手封住路线。

> **知识点** 🏀
>
> 在持续移动的过程中，球员要不断物色可以摆脱防守的位置，并抢先一步占据有利位置。进攻方投篮不中但抢到了篮板球，就可以继续进攻。

防守篮板球 》

》》 防守篮板球的策略

相对于进攻篮板球球员，防守篮板球球员往往具有更大的优势。因为在一般情况下，他们距离篮筐更近，己方球员也更密集。封堵策略是防守篮板球最常用的战术之一，具体操作是防守球员以后背抵抗对手的前胸，先使对手无法前进抢球，然后再去抢篮板球。另一种较少使用的技术是确定球路后抢球，具体操作是防守球员直接到对手的抢球线路上去抢篮板球，这种战术更适合速度和弹跳能力都优于对手的球员，若无明显优势，则不建议采用。

》》 执行封堵策略的方法

执行封堵策略时，一般采用前转身和后转身两种方法，它们所适用的情境不大相同。

前转身适用于封堵投篮球员，防守球员采用举起双手的防守姿势上前卡位。当球投出后，防守球员以后侧脚为轴向前转身，大力向投篮球员迈一步实施封堵，这样即使在转身时也能看见对方的移动。这种方法的要点在于：先封堵对手，将对手挡在身后，再抢篮板球，防止对手先切入抢球。

后转身更适用于防守无球球员，防守球员需与对手保持几步的距离，便于观察球和对手的移动。在球投出后，防守球员预判对手的移动路线，以距离对手较近的脚为轴，向后转身，用一侧脚挡在对手前进的路线上封堵对手，以抢先攻占篮板球。若防守持球球员，防守球员可高举一只手，并在对手的传球线路上伸出一只脚，阻止对手传球。

抢篮板球

无论是在平时的训练中还是比赛时，球员都需要重视抢篮板球。大量重复的训练是非常有必要的，可以帮助球员积累一定的经验，以应对比赛。

抢篮技术 »

绕至对手前方进行卡位

01 抢篮板球时，卡位非常重要。绕至对手前方卡住位置，侧对对手，用一侧手和同侧脚阻止对手前移，抢先占据抢篮板球的优势。

小提示 抢篮板球前，球员需将双臂及躯干紧贴对手，始终让其位于自己的身后，使自己更靠近篮筐，这样争抢篮板球的成功率将大大提升。

将对手控制在身后

想象球的回弹路线

02 当球投出后，对手也会不遗余力地抢篮板球。所以球员要持续移动，张开双腿和双手，屈膝以降低重心，转身用身体挡住对手，确保对手在自己身后，注意不要出现犯规行为。

03 不论是对手还是队友投篮，球员都需提前判断球的运行路线，以及球砸到篮板或篮筐后回弹的角度，以便快速扑向球，全力争抢篮板球。

知识点

准确判断球的运行路线，有助于提高抢篮板球的成功率。通常情况下，投篮时如果球的运行路线弧度大、飞行速度慢，球弹筐而出的距离就比较近；如果球的运行路线弧度小，飞行速度快，球弹筐而出的距离就比较远。

扫一扫，看视频

基本姿势与步法

球性练习

传接球

运球

投篮

篮板球

基础配合与团队进攻

基础配合与团队防守

体能训练

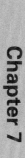

第 7 章
基础配合与
团队进攻

篮球是一项团队运动，一个球队只拥有技术水平
较高的球员往往是不够的，还需要球员之间在赛场上
默契配合。通过前面几章，我们学习了有关进攻的基
础知识及技术，本章将详解球员之间应如何配合，将
所学的基础技术应用于团队进攻。

基础配合

在篮球比赛中，若想取得胜利，就必须依靠团队协作。本节将讲解一些关于团队进攻的基础配合与常用战术，让我们一起来学习吧。

V形空切 »

01 进攻球员在边线附近，朝内线压迫防守球员，压迫节奏可以先紧后松。注意，此时进行的是向里切入的假动作。

03 持球球员传球，此时进攻球员摆脱防守球员，双手接球，完成V形空切。

知识点 🏀

空切是指进攻球员在无球状态下跑向篮下，旨在远离防守球员，于空位或篮下获得投篮机会或与队友配合展开进攻。进攻球员从空位跑动切入，占据有利位置，一旦掌握球权，就很有可能投篮得分。

基本姿势与步法

球性练习

传接球

运球

投篮

篮板球

基础配合与团队进攻

基础配合与团队防守

体能训练

02 进攻球员继续向内线压迫防守球员，逼近油漆区。选择恰当的时机，进攻球员向前跨一大步，逼退防守球员。进攻球员快速变向，另一侧脚外展跨出，示意持球球员传球。

图例

● 持球球员

● 进攻球员

● 防守球员

→ 移动路线

⇢ 传球路线

小提示 空切的特点是动作快速且突然，而假动作就是最好的辅助方式。进攻球员可先做假动作误导对手，再突然展开下一步的进攻。

扫一扫，看视频

235

01

进攻球员沿着位置区，面对防守球员进行压迫式前进，移动至同侧肘区。

球员保持身体处于可以快速移动的状态

02

进攻球员突然外展远离防守球员一侧的脚，进行变向，跑向新方向。

小提示 当遇到难以使用 V 形空切战术的情况时，球员可采用 L 形空切战术以获取空位。

03

进攻球员在跑动的同时示意队友传球，接球后进行下一动作。进攻球员的跑动路线呈 L 形。

扫一扫，看视频

后切 »

外侧腿屈膝

迈一大步

01 进攻球员通过跑动吸引防守球员到高位后，外侧脚迈出一步。

02 进攻球员朝内线转移身体重心，内侧脚迈一大步，向篮下切入，示意队友传球。

常见问题和纠正方法

NO 问题 后切之后，空间较小，无法制造空位。

YES 纠正 尽量将防守球员吸引到较远的高位。可将防守球员逼退至罚球线延长线或禁区弧顶的外侧。

03 双手接球，快速跑至篮下进行投篮。投篮之前都用双手护球。

小提示 后切也称背后切入或后门切入。当一名防守球员的一只脚或一只手阻挡进攻球员接队友传来的球时，进攻球员可采取后切战术。

扫一扫，看视频

01

防守球员在进攻球员身前进行防守。进攻球员上半身朝内线倾斜，重心在屈膝的内侧脚上。

将防守球员挡在身后

02

进攻球员越过防守球员，内侧脚向外跨出一大步至防守球员外侧，内侧手同时示意队友传球。

03

进攻球员双手接球，接球后快速向内线跑去，准备投篮或开始下一个进攻动作。

扫一扫，看视频

基本姿势与步法

球性练习

传接球

运球

投篮

篮板球

基础配合与团队进攻

基础配合与团队防守

体能训练

两人传切 »

01 两人面对面站立，一人持球站在禁区弧顶外侧，另一人站在油漆区外侧。

02 持球球员将球传给队友，朝篮下切入，跑向适合接回传球的位置，同时示意队友传球。

03 队友观察内线情况，及时将球回传给篮下球员。

04 篮下球员双手接球后迅速带球上篮。

常见问题和纠正方法

NO 问题 球被抢断或篮下球员没接住球。

YES 纠正 无论传球还是回传，都需要球员集中注意力，观察场上情况再传球，以避开防守。队友回传球时，需时刻关注篮下球员的位置，及时准确传球。

扫一扫，看视频

掩护球员

进攻球员

01

两人配合练习，一人为掩护球员，站在禁区弧顶，另一人为进攻球员，站在油漆区外侧。掩护球员跑向队友。

02

掩护球员跑到队友面前，用身体做掩护，遮挡对手的视线，为队友争取移动空间。进攻球员呈接球姿势跑向罚球线，示意持球队友传球。

两人均有投篮机会

03

掩护球员跑至篮下，示意持球队友传球，持球队友视情况选择传球方向。若有防守球员对进攻球员进行防守，掩护球员可在篮下接球展开进攻。

小提示　设立掩护也称"挡"，是指利用身体挡住防守球员的移动路线和视线，让队友摆脱防守，为其制造进攻的机会。

扫一扫，看视频

基本姿势与步法

球性练习

传接球

运球

投篮

篮板球

基础配合与团队进攻

基础配合与团队防守

体能训练

两人运球掩护 》

01

两人配合练习，一人为掩护球员，站在禁区弧顶外侧，一人为持球球员，站在油漆区外侧。想象持球球员前有一个防守球员。

02

掩护球员跑向队友，来到位置区，持球球员先想象摆脱防守球员，向罚球线运球。掩护球员用身体阻碍防守球员的防守路线。

03

持球球员顺利摆脱防守，掩护球员跑向篮下。此时掩护球员获得了篮下的进攻机会，示意队友传球，接球后上篮。

扫一扫，看视频

01 三人配合练习，两人为进攻球员，其中一名进攻球员持球站在三分线弧顶，另一名进攻球员站在油漆区一侧。一人为防守球员，在持球球员前防守。

02 内线进攻球员向前跑，示意持球球员传球。此时持球球员不要着急将球传出，要解读队友的意图，继续运球以等待合适的时机。

05 内线进攻球员迅速接球，转身跑向篮下，双脚蹬地，向上跃起，将球投出。

击地传球

 内线进攻球员跑至防守球员一侧进行掩
护，阻挡防守球员进行防守。持球球员
沿三分线朝底线方向运球。

 掩护完毕，内线进攻球员后退至油
漆区内，持球球员抓住时机，将球
传给队友。

常见问题和纠正方法

NO 问题 **持球球员没有正确解读队友的意图，着急传球，容易导致球被传至准备做掩护的队员手中，失去掩护时机。**

YES 纠正 **时刻观察并预判队友的移动路线，不要仅按预先设定的路线匆忙传球，应随时观察队友的情况，确认队友在合适的位置并能安全接球时再传球。**

 小提示　持球球员运球时，可以采用一些假动作来迷惑防守球员，趁其不备传球给队友。持球球员应当依据现场情况，选择合适的传球方式，避免传球过程中被抢断。

扫一扫，看视频

基本姿势与步法

球性练习

传接球

运球

投篮

篮板球

基础配合与团队进攻

基础配合与团队防守

体能训练

01　四名球员配合练习，即两名进攻球员和两名防守球员。防守球员分别对进攻球员进行防守。

02　持球球员在三分线附近运球并试探，队友向其靠近，准备进行掩护。

05　持球球员立即传球给掩护球员。

06　掩护球员在内线接球，转身面向篮筐，进行投篮。

知识点 🏀

掩护时，因防守持球球员的球员被堵住了去路，此时对手会换防，持球球员仍然难以突破进攻。故掩护成功后，掩护球员应立即朝篮下跑去，示意队友传球。

基本姿势与步法

球性练习

传接球

运球

投篮

篮板球

基础配合与团队进攻

基础配合与团队防守

体能训练

03 掩护球员来到防守持球球员的球员一侧，用身体为队友阻挡防守跟进。

04 持球球员借机朝罚球圈方向运球。同时掩护球员内切至篮下，处于空位，示意队友传球。

常见问题和纠正方法

NO
问题

1. 持球球员在队友的掩护下持球突破时，被紧随防守。

2. 持球球员越过防守球员时，没有获得足够的空间来传球。

YES
纠正

1. 持球球员应与掩护球员擦肩而过，防止防守球员穿过两人之间的空隙，越过掩护球员而紧随自己。

2. 持球球员越过防守球员后，可加速突破从而尽可能远离掩护区域，为下一个进攻动作争取更多的空间。

小提示

掩护时，掩护球员可将手臂放在胸前，屈膝以保持身体平衡，防止与准备前进的防守球员发生冲撞，造成犯规。

团队进攻常用战术

本节将介绍一些团队进攻常用战术，无论哪种战术，都要通过不断地练习及球员间的配合来完成。

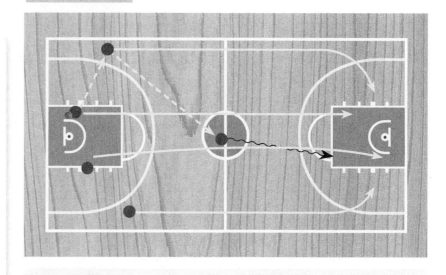

图例　●进攻球员　●持球球员　——→移动路线　----→传球路线
　　　　〜〜〜〜→运球路线

》》》 在对手投篮命中后发球、抢断后发起快攻

球员在运球时若想发动快攻，首先应选择传球，因为传球可以迅速把球传到位于前场的队友手中。

》》》 抢下防守篮板球时发起快攻

若接球的队友还没有到达前场，持球球员应先将球传到外线，或者传给后卫，后卫接到球后，立即通过运球或传球把球推到前场。

若抢下篮板球的球员被包夹，无法将球一传传出，这时该球员可以运一两次球到中路，再寻求传球的机会。控球后卫看到抢下篮板球的球员无法将球一传传出时，应该回到持球球员附近，接一个短传球，再通过传球或运球将球移动到中路。其他队友则沿着球场两侧向前场移动，持球球员把球运到三分线后再传向两侧的队友，由他们来完成投篮或上篮。注意快攻时应尽可能传球而不是运球。

> **小提示**
> 快攻是由守转攻的最快方式，几乎不给对手调整防守的时间。但是在防守球队获得球权成为进攻前，不要发动快攻，因为这样可能使场上缺乏防守人员。

基本姿势与步法

球性练习

传接球

运球

投篮

篮板球

基础配合与团队进攻

基础配合与团队防守

体能训练

1-4 进攻 »

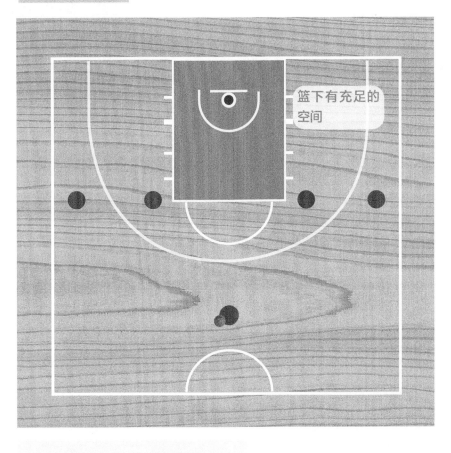

篮下有充足的空间

图例　● 进攻球员　●● 持球球员

1-4 进攻阵形由 1 名控球后卫和 4 名球员组成。4 名球员按一定间距，沿罚球线及其延长线横排站立，2 名球员在肘区附近，2 名球员在侧翼。

此阵形使得篮下有一定空间，利于球员空切至篮下，为持球队友做掩护，如上图所示。

小提示　对于球员速度较快、体形相对较小的球队来说，1-4 进攻阵形是比较理想的选择。

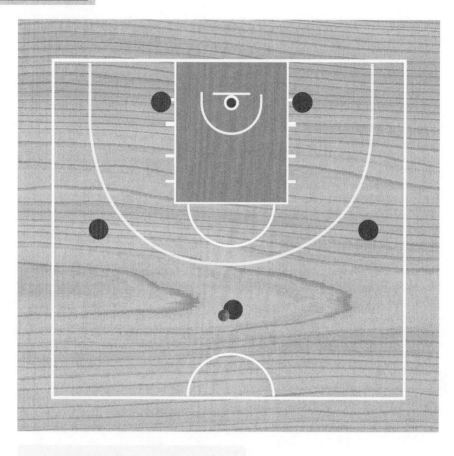

图例　●进攻球员　●持球球员

双低位进攻阵形由 2 名位于低位的球员、3 名外线球员（2 名侧翼球员，1 名控球后卫）组成，是一种强力进攻的阵形。

采用这种进攻阵形时，可安排 2 名体形高大的球员位于篮筐附近的位置区，负责在低位相互掩护，以争取更多的进攻机会或抢篮板球的机会，这样有助于提升球队的投篮命中率。

小提示　如果球队拥有体形高大的球员，擅长强势突破，那么双低位进攻阵形是非常不错的选择，能最大限度地发挥球队优势。

1-3-1 进攻 »

图例　● 进攻球员　◑ 持球球员

1-3-1进攻阵形由1名控球后卫和4名分别位于高位、低位、左侧翼、右侧翼的球员组成。

进攻时，控球后卫在三分线与中圈之间左右移动，2名球员位于三分线腰位外侧，随时准备接球投篮；1名球员位于罚球线和禁区弧顶之间，1名球员位于篮筐附近的位置区，如上图所示。

知识点 🏀

如果球队拥有2名优秀的内线球员，在进攻时可优先考虑1-3-1进攻阵形。此阵形里，高位适合安排1名擅长传球的高个子球员，为篮下队友精准传球。位于三分线附近的2名球员，通常应具备出色的投篮能力，随时可接球进行投篮，可有效分散防守球员的注意力。

基本姿势与步法

球性练习

传接球

运球

投篮

篮板球

基础配合与团队进攻

基础配合与团队防守

体能训练

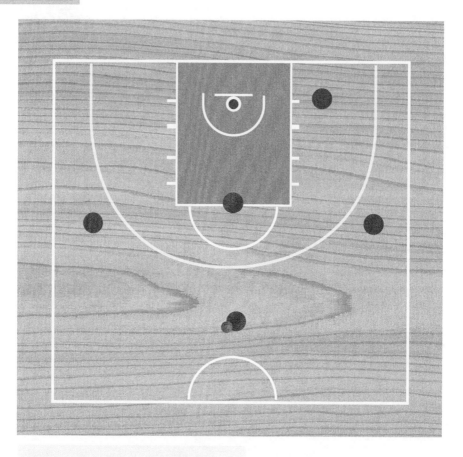

图例 ● 进攻球员　● 持球球员

　　"区域联防：2-3"是一种比较常见的防守战术，为了应对这种阵形，进攻球员需占据区域中的空位并展开进攻。进攻时可由1名控球后卫、2名侧翼球员、1名高位球员和1名低位球员组成区域进攻阵形，如上图所示，以提高防守难度，迫使对手决定防守哪名球员。球移动的速度越快，防守方就越难建立区域联防。因此，快攻是球队必须掌握的战术，它能够破解区域联防。

知识点 🏀

无论使用何种进攻阵形，球队都需要在平时反复训练，直至球员能够毫不迟疑地执行进攻动作，避免耽误时间影响进攻速度。区域进攻是一种容易被忽视，实则需重视的战术。进攻阵形各有不同，球员在平时的训练中，需多观察，多总结如何发现空当，并利用它们来进攻。

破紧逼进攻 »

»»» 使用破紧逼进攻战术的环境

破紧逼进攻战术适用于全场环境。当对手的防守战术十分严密，防守阵形覆盖了全场、3/4 场或半场，旨在扰乱进攻时，进攻方可采用破紧逼进攻战术。

»»» 从容应对防守

球队应明确进攻球员的站位，避免运球至容易形成夹击的区域，并充分利用中路主动插上接应，快速传球，突破紧逼防守，以在前场形成多打少的优势局面。

»»» 破解 1 对 1 紧逼防守

面对 1 对 1 紧逼防守时，可以将球交给控球技术较好的球员，优先考虑后卫，且己方具有身体优势（高大）的队员应在中线附近有意识地插中接应，帮助后卫向前场推进。

»»» 积极应对区域压迫式防守

当对手使用区域压迫式防守，且阵形覆盖全场、3/4 场或半场时，进攻球员应尽快把球传到中路。在区域压迫式防守启动时，一名进攻球员可前进至中路，或弱侧的球员在进攻过程中空切至中路。当球运至中路后，持球球员可选择立即进攻。需要强调的是，最后应有两名球员于篮筐两侧接应，使持球球员在进攻中有备无患，可采取适时分球等策略。

小提示　在破解 1 对 1 紧逼防守时，应该由控球技术最好的球员控球，因为后卫的控球技术有可能不是最好的，需根据场上情况随机应变。

知识点 🏀

实战中，当防守方进行全场紧逼防守时，进攻方无太多时间去思考如何调整阵形。因此球队每周都应该练习相应的进攻战术，以便球员能及时做出反应，有意识地执行球队的破紧逼战术。

第8章
基础配合与团队防守

有效的防守战术可以打乱对方的进攻布局，降低对方的投篮命中率，减少对方得分的机会，也可以为自己的球队争取更多的得分机会，但这一切都离不开球员之间的默契配合。本章主要介绍有关团队防守的基础配合、人盯人防守及区域联防战术。

Chapter 8

基础配合

球队若想取得比赛的胜利，就必须依靠球员间的协作。本节将为大家详解有关防守的基础配合战术，让我们一起来学习吧。

关门配合 ≫

及时回防

图例　●防守球员　●进攻球员　●持球球员

――――→ 移动路线　－－－▶ 传球路线　〜〜〜▶ 运球路线

　　关门配合是指两个防守球员拉近距离，互相配合防守，封堵进攻球员的前进路线。实施关门配合时，防守球员需主动在突破球员的进攻路线上进行拦截。在突破球员附近的防守球员需及时靠近队友，进行"关门"，目的是不给突破球员进攻的机会。

小提示

协防球员应该错位防守，以迅速抢占有利位置。当运球球员即将超越防守球员进行突破时，协防球员要率先移动，以靠拢队友进行关门配合。当运球球员传球或者停止突破时，协防球员要及时回防。

知识点 🏀

防守球员需预判有队友协防的方向，然后强势防守一侧，迫使对手朝有队友协防的一侧运球，此时队友便可上前协防。

挤过配合 »

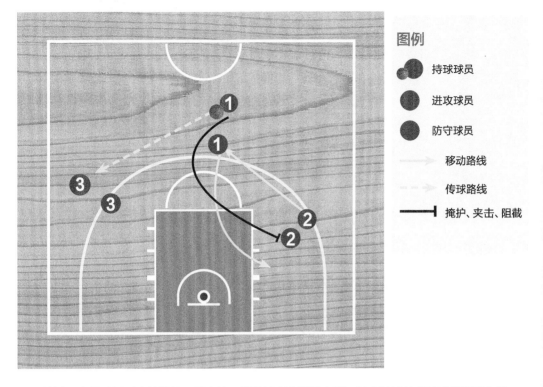

图例

● 持球球员

● 进攻球员

● 防守球员

—→ 移动路线

--→ 传球路线

━━┤ 掩护、夹击、阻截

挤过配合是破坏对方掩护的一种方法：当掩护者临近队友时，防守被掩护者的球员及时上前，从两名进攻球员的中间侧身穿过，继续防守被掩护者。

在上图中，进攻方 1 号传球给 3 号后跑去给 2 号做掩护，防守方 1 号发现后，及时提醒同伴 2 号；防守方 2 号在进攻方 1 号临近的瞬间，迅速抢在进攻方 1 号之前继续防守进攻方 2 号。此时防守方 1 号跟进补防。球员之间要相互提醒，做到配合默契。

常见问题和纠正方法

挤过时动作不合理，造成犯规。防守掩护者的球员没有及时提醒队友。

靠近进攻球员做挤过动作时要侧身而过且防守球员要尽可能地贴近对手，抢步的动作要快。记住挤过的发力方向不是冲着掩护球员的，而是向着被掩护球员主动发力。

255

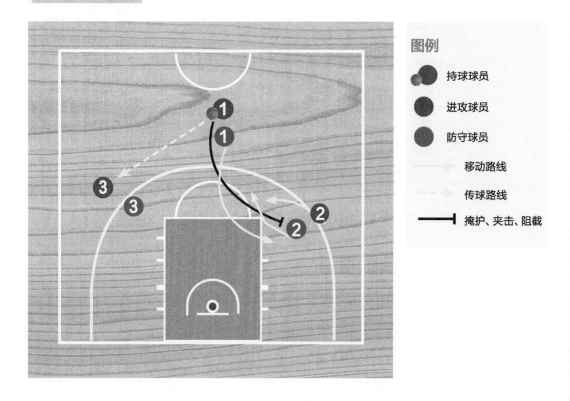

图例

持球球员

进攻球员

防守球员

—— 移动路线

⇢ 传球路线

┤ 掩护、夹击、阻截

穿过配合是指防守球员后撤一步，与进攻球员空出一段距离，便于队友穿过继续防守自己的对手，这是一种可以有效打破掩护的防守方法，多用于防守外线投射能力一般的球员。

在上图中，进攻方1号传球给3号后，跑去给2号做掩护，防守方1号要提醒同伴进行防守，同时与进攻方1号保持一定距离；在进攻方1号掩护到位前的瞬间，防守方2号后撤一步，从进攻方1号和防守方1号中间穿过，继续防守进攻方2号。

常见问题和纠正方法

 防守掩护者的球员没有及时提醒同伴，示意其主动撤步。穿过时把控不好自身与其他球员之间的距离。

 防守掩护者的球员需及时提醒队友并示意其主动撤步；球员从掩护者和队友中间穿过的动作要快，主动调整与队友的距离。

基本姿势与步法

球性练习

传接球

运球

投篮

篮板球

基础配合与团队进攻

基础配合与团队防守

体能训练

交换配合 »

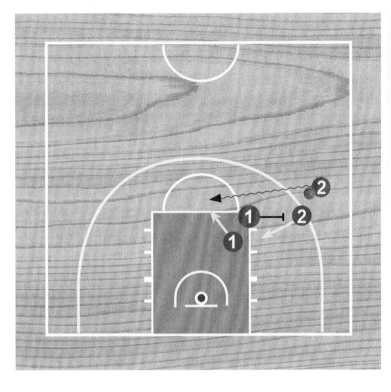

图例

持球球员

进攻球员

防守球员

→ 移动路线

├─ 掩护、夹击、阻截

交换配合可打破进攻球员的相互掩护，也可及时弥补队友的防守漏洞。交换配合是指防守掩护者的球员和防守被掩护者的球员及时交换防守对象，多用于破坏外线球员间的掩护配合。

在上图中，进攻方1号准备给进攻方2号做掩护，防守方1号要发出信号，提醒队友，并及时封堵进攻方2号向下突破的路线；防守方2号应随时做出调整，与队友交换防守对象，及时拦截进攻方1号向篮下空切。

常见问题和纠正方法

防守球员没有相互呼应，一方没能完成配合。

防守掩护者的球员要主动示意，表达换人需求。两名防守球员互换防守对象时，需抓住时机，找准站位。

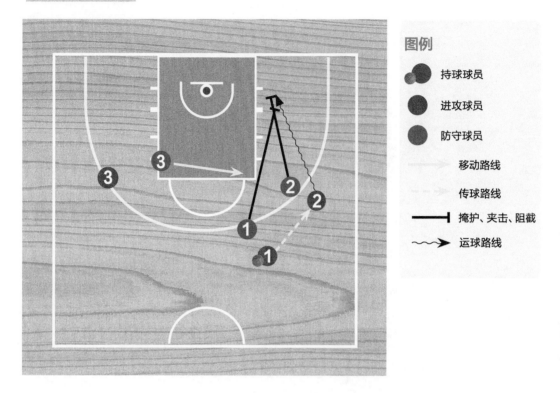

图例

持球球员

进攻球员

防守球员

移动路线

传球路线

掩护、夹击、阻截

运球路线

夹击配合是两名以上的防守球员快速采取行动，突然封堵和围夹持球球员，阻止其进攻的一种防守方法。当对手在底角或中线附近运球或停止运球时，是防守方采取夹击配合战术的最佳时机。

在上图中，进攻方1号将球传给2号，2号准备运球突破到篮筐周围；这时防守方2号看清持球球员的意图后迅速进行包夹，此时防守方1号也来到篮下防守，切断进攻方2号的传球路径；防守方3号朝有球侧移动，阻止进攻方1号接回传球，从而确保各方位都有防守人员。

常见问题和纠正方法

 夹击时不果断、不突然。没有充分利用身体阻拦对手并封堵传球路线。

 防守球员要通过观察选择正确的时机进行夹击，快速到位，确保该战术的"突然性"。夹击时用身体阻拦对手，双臂挥动阻挠其传球或投篮，迫使对方出现传球、运球失误，制造断球机会。注意不要急于抢球，否则易造成犯规。

基本姿势与步法

球性练习

传接球

运球

投篮

篮板球

基础配合与团队进攻

基础配合与团队防守

体能训练

补防配合 »

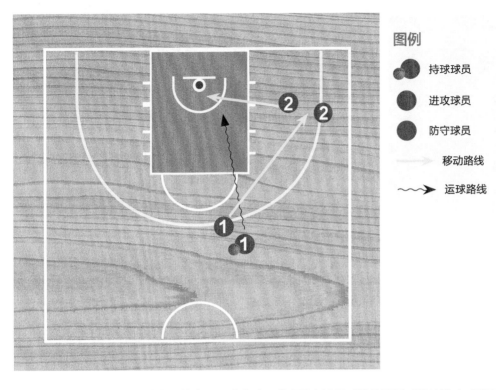

图例

● 持球球员

● 进攻球员

● 防守球员

→ 移动路线

⌇➤ 运球路线

补防配合是一种协同防守的战术，即防守球员发现队友没及时防住最具威胁的进攻球员时，便放弃防守自己的对手，上前补防，漏防的防守球员同时换防。

在上图中，当进攻1号运球向篮下突破时，防守方2号应迅速补防，在进攻方1号的上篮路线上进行拦截；防守方1号应及时换防进攻方2号，防止进攻方2号示意队友传球。

常见问题和纠正方法

防守球员忽略进攻球员的动向，补防不及时，漏防的防守球员没有及时换防。

补防时动作要迅速，球员间要默契配合。预判突破球员的意图，对其加以阻止或断球。同时，其他防守球员应善于观察现场情况，及时调整防守位置，随时准备换防和补防。

第8章

8.2

团队防守常用战术

本节将介绍3种主要防守战术，分别是人盯人防守、区域联防及区域紧逼。为使球队的防守更有效，球员必须熟练掌握并运用正确的防守战术。

人盯人防守 »

>>> 基本队形

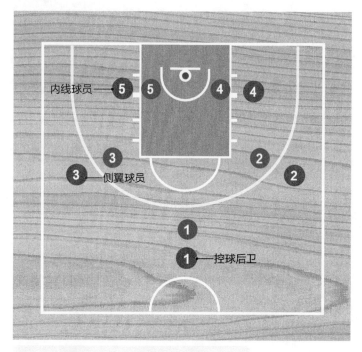

内线球员——5

3——侧翼球员

1——控球后卫

图例　● 防守球员　● 进攻球员

人盯人防守就是保证每一个进攻球员都有相对应的防守球员。

1号位：防守进攻方的控球后卫，干扰其传球或投篮。

2号位、3号位：位于罚球线延长线上，可以侧身偏内侧站位，防守侧翼球员运球或传球进内线。

4号位、5号位：防守内线球员，保护篮下区域，阻止对手进攻篮下。

>>> 基本应用

人盯人防守的目的是阻止进攻球员投篮或突破，干扰其传接球。同时，防守球员也应保持敏锐的观察力，在需要队友协防时，及时示意或提醒，默契配合，阻止进攻方得分，并根据赛场情况及时调整战术。

> **小提示**
>
> 防守时，为了防止持球球员面对篮筐，要尽量遮挡其视线，干扰其观察远处。防守球员相互出声进行联络，不要沉默防守。在进攻球员要投篮时，防守球员应尽量进行干扰，使其在头顶和两手之上进行命中率低的投篮。

»»»基本站位

　　两名球员负责防守侧翼和高位，三名球员负责防守底线和中路。此阵形在内线和底角的防守优势明显，但在弧顶和侧翼的防守能力较弱。

»»»球在侧翼时

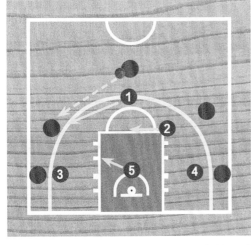

　　当球传至侧翼时，1号随球移动，快速跟防至侧翼；2号跑至罚球线中间，防止球回传；5号朝强侧移动，与3号阻拦对手传球至内线，继续保持2-3联防站位。4号应回收落位限制区做人球兼顾防守。

»»»球在弧顶附近时

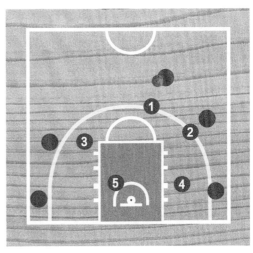

　　当持球球员欲从弧顶右侧运球突破时，1号上前进行防守，3号跑至弱侧（无球侧）进行防守，4、5号向强侧（有球侧）移动，依然保持2-3联防站位。

»»»球在底角时

　　当球传至底角时，3号立即上前防守，防止内线传球；4、5号朝强侧移动，1、2号持续防守罚球线及延长线区域，继续保持2-3联防站位。

基本姿势与步法

球性练习

传接球

运球

投篮

篮板球

基础配合与团队进攻

基础配合与团队防守

体能训练

区域联防：1-2-2 »

>>> 基本队形

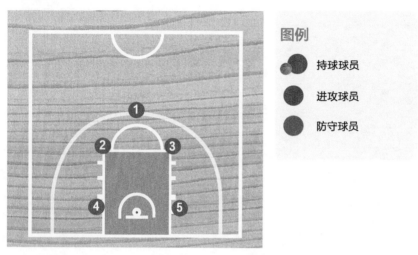

图例

○ 持球球员

● 进攻球员

● 防守球员

　　"区域联防：1-2-2"的基本队形为一名球员防守三分线区域，肘区和篮下位置区各两名球员，如上图所示。此阵形可有效阻止外线投篮，但是防守内线和底角的能力较弱。

>>> 球在弧顶时

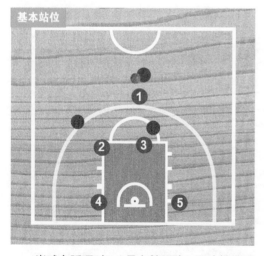

　　当球在弧顶时，1号上前盯防，阻止持球球员在三分线外投篮或传球到高位；3号跑至罚球线中心附近，防守高位进攻球员；2号负责防守侧翼的进攻球员，干扰侧翼传球。

>>> 球在高位时

　　持球球员准备投篮时，1号向下落位至罚球线，防守持球球员传球至高位，2、3号随时准备上前进行包夹。

>>> 球在侧翼时

基本站位

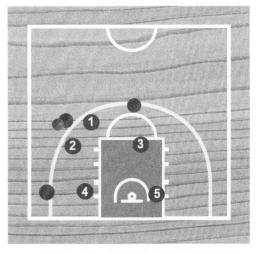

球在侧翼时，2号快速上前盯防持球球员，1号移动到罚球线，4、5号朝强侧移动，3号朝篮下移动，阻止弱侧的进攻球员靠近篮筐。

进行包夹时，1号协助2号防守持球球员；3号快速补防至罚球线，防守高位和中路；4号在强侧，5号朝篮下移动，防止内线传球。这是一种比较冒险的战术。

>>> 球在底角时

基本站位

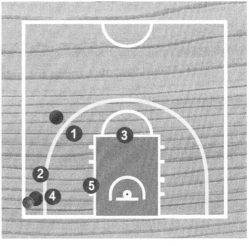

底角进攻是不少球队选择用来应对"区域联防：1-2-2"的突破方式。当球传至底角时，4号上前盯防；2号防守侧翼球员，防止球被回传；5号移动至强侧，防守低位球员，3号移至弱侧低位，防止后切。

若2号的位置靠下，2、4号可对底角的持球球员进行包夹。5号移动至强侧，防守低位球员。1号移动至侧翼，防止强侧进攻球员空切或接球投三分球。3号移动至罚球线，防止进攻球员进入内线。

基本姿势与步法
球性练习
传接球
运球
投篮
篮板球
基础配合与团队进攻
基础配合与团队防守
体能训练

⋙ 基本队形

图例

⬤ 防守球员

✖ 空位

　　此防守阵形覆盖范围更广，加强了对外线的防守。基本队形如上图所示：1名球员位于弧顶，罚球线延长线及位置区中部各有2名球员。此阵形主要通过3名防守球员的协防和包夹，迫使进攻球员在运球或传球突破时失误或停球于死角，以增加抢断机会等。内线的2名防守球员主要进行补位与轮转换位防守。记住，人动球动，无论如何移动，都要保持此防守阵形，这需要防守球员保持快速的步伐、广阔的视野及默契的配合。

⋙ 区域联防：3-2 的优缺点

　　优点：能强有力地防守进攻方的外线投篮；因其防守范围大，有利于抢断后快速发起快攻。

　　缺点：此阵形容易导致内线和底角出现空位，如右图中标记红色叉号的区域所示；此阵形对进攻方的底角投篮或篮下进攻的防守能力较弱，也不利于抢篮板球。

基本姿势与步法

球性练习

传接球

运球

投篮

篮板球

基础配合与团队进攻

基础配合与团队防守

体能训练

区域联防：1-3-1 »

»»» 基本队形

图例

 防守球员

 空位

此防守阵形具备攻击性，将防守重心放在了高位和侧翼，它通过加强对外线的压迫性，使对手的运球及传球等进攻行动难以展开。

»»» 排兵布阵

在弧顶外防守的球员：反应灵敏、防守技术好、行动快速，擅长抢断、快攻并反击的球员。

在罚球区防守的球员：综合实力强、补防和抢篮板球技术好的高个子球员。

在篮下防守的球员：速度快、善于防守篮下及抢篮板球的球员。

在侧翼防守的球员：擅长多类型防守及抢篮板球的球员。

»»» 区域联防：1-3-1的优缺点

优点：能有效防守高位、罚球区及侧翼，防止进攻球员在这些区域投篮或传球，增加进攻方抢篮板球和发动快攻的难度。

缺点：此阵形容易导致低位及底角出现空位，如上图中标记红色叉号的区域所示；抢篮板球的优势不明显。

基本队形

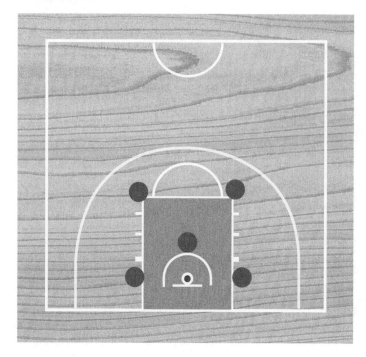

排兵布阵

肘区的 2 名防守球员：速度快、抢断技术好，擅长反击、组织快攻的球员。

中路的防守球员：身材高大、善于补位、抢篮板球技术突出的球员。

后防线的 2 名球员：善于抢篮板球、具备快攻能力的高个子球员。

区域联防：2-1-2 的优缺点

优点：阵形紧凑，均匀防守各个区域，尤其是防守底角和内线区域的优势明显；球员站位较近，有助于互相配合，在抢篮板球和发动快攻方面有一定的优势。

缺点：此阵形容易导致弧顶和侧翼出现空位，如右图中标记红色叉号的区域所示。

区域紧逼 ≫

≫≫≫ 基本队形

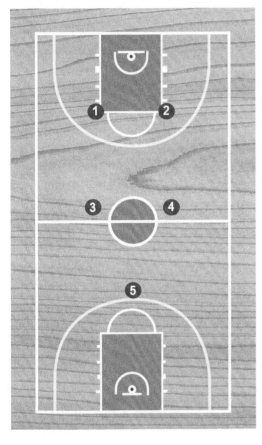

≫≫≫ 移动时的夹击

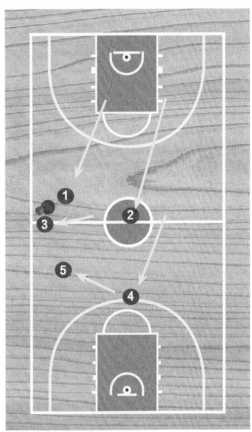

这里以最具代表性的"区域紧逼：2-2-1"为例进行讲解。上图为各球员的初始位置：2 名后卫在肘区，2 名个子较高的球员在中场线附近，1 名擅长抢断的球员在后场三分线弧顶。

这里以在右侧运球为例进行讲解。1、3 号上前盯防，使持球球员在边线附近运球。2 号移至中圈，阻止持球球员传球到中位。5 号朝强侧移动，干扰持球球员回传球。4 号补防。

知识点 🏀

区域紧逼综合了人盯人防守和区域联防这两种战术，兼顾了集体性和针对性。防守阵形覆盖半场、3/4 场或全场，无论在心理上还是战术上，都能给进攻方带来极大的压力。

防守球员快速落位，盯紧持球球员，迫使其传出在空中飞行时间较长的吊高球和边线球，阻止持球球员带球进中路，提高其失误率。同时需在篮筐附近安排球员阻止长传。

第9章
体能训练

篮球运动是一项对力量、爆发力、速度、灵活性、耐力有一定要求的综合运动。在赛场上，球员除了需要有效控球、投篮得分之外，还需要不断跑动、进行身体力量的相互抗衡等，所以，拥有出色的体能尤为重要。本章将介绍一些有助于开展篮球运动的体能训练，这些训练有助于球员强健体魄。

Chapter 9

第 9 章

9.1

力量强化

力量训练可以满足球员日常的基础体能要求。一名优秀的球员既要有过硬的技术，也要有足够的力量和体力来支撑其完成比赛。

弹力带 - 站姿 - 肩关节外旋 》

01

身体直立，双脚分开，与肩同宽。一侧手臂向内屈曲至肘关节约成 90 度角，该侧手紧握弹力带一端，弹力带另一端固定在体侧等高的其他物体上。另一侧手臂自然下垂，保持弹力带有一定张力。

02

保持身体姿势不变，前臂向外旋转，将弹力带一端拉伸至体侧，保持肘关节位置不变。回到起始姿势，完成规定次数。对侧亦然。

小提示 收紧核心，不要耸肩，全程保持呼吸均匀。

扫一扫，看视频

基本姿势与步法

球性练习

传接球

运球

投篮

篮板球

基础配合与团队进攻

基础配合与团队防守

体能训练

弹力带 – 站姿 – 肩关节内旋 »

01

身体直立，双脚分开，与肩同宽。一侧手臂向外屈曲至肘关节约成 90 度角，该侧手紧握弹力带一端，弹力带另一端固定在体侧等高的其他物体上。另一侧手臂自然下垂，保持弹力带有一定张力。

02

保持身体姿势不变，前臂向内旋转，将弹力带一端拉伸至对侧腰部，保持肘关节位置不变。回到起始姿势，完成规定次数。对侧亦然。

小提示　内旋时呼气，恢复时吸气。全程收紧腹部。

扫一扫，看视频

01 身体直立，双脚分开，约与肩同宽。双臂水平前伸，与地面平行，将环状迷你带绕过双手腕关节，五指分开，保持弹力带绷直但不拉伸。

02 一侧手臂保持不动，另一侧肩部肌群发力，带动手臂向斜下方拉动迷你带至远端，回到起始姿势。

03 肩部肌群再次发力，将迷你带拉向斜上方，回到起始姿势。

04 将迷你带横向拉动至远端。回到起始姿势，完成规定次数。对侧亦然。

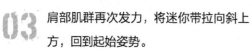

小提示 全程注意收紧核心，背部不要屈曲，保持躯干整体稳定并呈一条直线。始终保持双臂伸直，重点体会肩部肌群发力、肌肉微微酸胀的感觉。使迷你带处于绷直的状态。

哑铃 - 站姿 - 前侧平举 »

基本姿势与步法

球性练习

传接球

运球

投篮

篮板球

基础配合与团队进攻

基础配合与团队防守

体能训练

01 身体直立，双脚分开，与肩同宽。双手各握一哑铃，掌心向内。

02 上肢肌肉发力，一侧手臂前平举，另一侧手臂侧平举，双臂平行于地面，停留片刻。回到起始姿势，另一侧重复上述动作，两侧交替完成规定次数。

哑铃 - 站姿 - 双臂反向弯举 »

01 身体直立，双脚分开，与肩同宽。双手各握一哑铃，掌心向后。

02 肱二头肌发力，双臂反向向上弯举，至前臂与地面接近垂直，掌心向前，停留片刻。回到起始姿势，完成规定次数。

273

哑铃 - 上斜 - 卧推 》

扫一扫，看视频

01 将训练椅调节为上斜 30~45 度，仰卧于训练椅上。双手握哑铃于肩关节前。

02 胸部发力，双臂同时上举，至肘关节完全伸直，掌心向前，推举过程中保持哑铃稳定。回到起始姿势，完成规定次数。

壶铃 - 俄罗斯转体 》

01 坐于垫上，双脚并拢并悬空，膝关节自然屈曲，身体后仰使髋关节屈曲约 90 度，双手紧握壶铃的壶身，手臂屈曲，将壶铃置于胸前。

02 腹外侧肌发力，双臂向身体一侧扭转至壶铃位于躯干正侧方。恢复至起始姿势，双臂向身体另一侧扭转至壶铃位于躯干正侧方。两侧交替，完成规定次数。

扫一扫，看视频

 小提示 全程收紧核心，保持身体平衡。

基本姿势与步法

球性练习

传接球

运球

投篮

篮板球

基础配合与团队进攻

基础配合与团队防守

体能训练

壶铃 - 基本甩摆 »

01 身体直立，双脚分开，间距大于肩宽。双手握住壶铃把手，自然放在身体前侧。

02 屈膝，身体前倾，背部挺直，收紧核心使壶铃从两腿间向后移动，然后顶髋甩摆，上肢绷紧，保持肘关节伸直，至手臂与地面平行。完成规定次数。

更多展示

01 仰卧于垫上，一侧腿伸直，另一侧腿屈膝，同侧脚撑于垫上，同侧手握住壶铃把手，同侧手臂向上伸直且垂直于地面。另一侧手臂自然置于垫上且与身体约成 45 度角，掌心朝下。

02 上半身按照壶铃侧肩、另一侧肩、腰背的顺序快速挺起，以一侧前臂支撑身体。

05 非壶铃侧腿向后移动，单膝跪地，壶铃侧腿屈膝，该侧脚撑于垫上。

06 撑于垫上的手向上抬起，身体挺直，呈半跪姿。

基本姿势与步法

球性练习

传接球

运球

投篮

篮板球

基础配合与团队进攻

基础配合与团队防守

体能训练

03 调整为该侧手撑于垫上，挺胸直背。

04 壶铃侧腿及臀部用力向上抬起，另一侧手撑于垫上，使身体从头至支撑侧脚的脚踝的呈一条直线上。

小提示 核心收紧，背部挺直，壶铃侧手臂始终伸直上举，视线全程不离开壶铃。单手撑地伸展身体时，速度不要太快，以免扭伤腰部。注意身体重量应均匀分布在撑地的手和脚上，以保持身体平衡。

07 站起，呈直立姿。然后倒序回到起始姿势，完成规定次数。对侧亦然。

扫一扫，看视频

277

瑞士球 - 上斜 - 俯桥静力 》

双臂屈肘，撑于瑞士球上，双腿伸直，保持身体呈一条直线，肘关节位于肩部正下方。腹部发力，在规定的时间内保持该姿势。

扫一扫，看视频

哑铃 - 反向弓步 》

01 身体直立，双脚分开，与肩同宽或略宽于肩，双手各持一哑铃，自然垂放于体侧。

02 上半身挺直，一侧脚不动，另一侧脚后撤，下蹲至前侧腿屈膝、屈髋。

03 回到起始姿势，换另一侧重复上述动作，两侧交替，完成规定次数。

扫一扫，看视频

徒手蹲 »

扫一扫，看视频

01 身体直立，双脚分开，与肩同宽，挺胸直背，腹部收紧，双臂前平举，掌心相对。

02 屈髋屈膝，下蹲至大腿与地面接近平行。匀速站起，回到起始姿势，完成规定次数。

瑞士球 - 靠墙下蹲 »

扫一扫，看视频

01 身体直立，双脚分开，与肩同宽，脚尖向前。用背部与肩胛骨将瑞士球固定在墙上，双臂自然垂于体侧。

02 慢慢屈髋屈膝下蹲，至大腿与地面平行。瑞士球随身体向下滚动。臀部与腿部发力，回到起始姿势，完成规定次数。

基本姿势与步法

球性练习

传接球

运球

投篮

篮板球

基础配合与团队进攻

基础配合与团队防守

体能训练

哑铃 - 前蹲 ≫

扫一扫，看视频

01 身体直立，双脚分开，约与肩同宽，双手各持一哑铃，置于肩部。

02 躯干挺直，双腿屈膝屈髋，下蹲至大腿与地面接近平行。然后大腿前侧和臀部发力，伸膝伸髋，回到起始姿势，完成规定次数。

弹力带 - 站姿 - 单侧髋外展 ≫

扫一扫，看视频

01 身体直立，双脚分开，与肩同宽，双臂屈曲，双手置于腰侧，将弹力带一端固定在一侧脚的踝关节，另一侧脚踩住弹力带另一端，保持弹力带有一定张力。

02 保持躯干姿势不变，臀部发力，固定有弹力带的腿向体侧拉伸至与另一条腿约成45度角。回到起始姿势，重复规定次数。对侧亦然。

弹力带 - 站姿 - 单侧髋内收 »

扫一扫，看视频

01 身体直立，两手置于腰侧。一侧腿伸直，同侧脚撑地。弹力带一端固定在另一侧腿的踝关节上，另一端固定在体侧等高的物体上，该侧腿向体侧伸展，脚尖点地。

02 躯干姿势不变，大腿内侧发力拉伸弹力带至身体正前方。

03 继续拉伸弹力带至身体对侧。回到起始姿势，完成规定次数。对侧亦然。

哑铃 - 上台阶提踵 »

01 双手各握一只哑铃站在跳箱前，一只脚放在跳箱上，重心落在后侧脚上。

02 踩上跳箱，重心前移，小腿三头肌发力，然后提踵。停留片刻。回到起始位置，完成规定次数。对侧亦然。

扫一扫，看视频

 小提示 在运动过程中保持身体稳定、背部挺直。提踵时呼气。

基本姿势与步法

球性练习

传接球

运球

投篮

篮板球

基础配合与团队进攻

基础配合与团队防守

体能训练

杠铃 - 俯身划船 »

扫一扫，看视频

01 身体直立，双脚分开，与肩同宽或略宽于肩，脚尖向前。

02 躯干保持挺直，肩胛骨后缩，手臂发力，沿身体两侧向上提拉杠铃至腹前，然后回到起始姿势，完成规定次数。

杠铃 - 硬拉 »

扫一扫，看视频

01 身体直立，双脚分开，与肩同宽或略宽于肩。膝关节略屈曲，身体前倾，双手握杆。

02 躯干挺直，挺胸收腹，目视前方。伸髋伸膝，提拉杠铃至身体直立，回到起始姿势，完成规定次数。

282

杠铃 - 深蹲 》

01 身体直立，双脚分开，与肩同宽或略宽于肩，脚尖向前。躯干挺直，杠铃杆置于颈后肩部位，双手握于杠铃杆两侧。

02 躯干保持挺直，屈髋屈膝深蹲，至大腿与地面平行，然后回到起始姿势。完成规定次数。

更多展示

扫一扫，看视频

基本姿势与步法

球性练习

传接球

运球

投篮

篮板球

基础配合与团队进攻

基础配合与团队防守

体能训练

第9章

9.2

爆发力强化

爆发力是一种使身体快速运动的能力。强化爆发力需要将力量训练作为基础，再加以有针对性的训练。本节将介绍有关爆发力强化的训练。

01 双脚前后开立，核心收紧、腰背挺直，双手紧握药球于胸前。

02 保持躯干挺直，双臂用力，快速将药球举过头顶准备抛出。

小提示 全程保持核心收紧，腰背挺直。尽量使身体不要晃动。

03 以最大力量快速抛出药球。回到起始姿势，重复规定次数。对侧亦然。

扫一扫，看视频

药球－分腿姿－胸前抛球 »

扫一扫，看视频

01 双脚前后开立，核心收紧、腰背挺直，双手紧握药球于胸前。

02 保持躯干挺直，双臂以最大力量快速向前抛出药球。回到起始姿势，重复规定次数。对侧亦然。

药球－分腿姿－旋转抛球 »

扫一扫，看视频

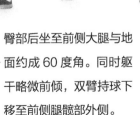
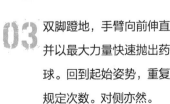

01 双脚前后开立，核心收紧、腰背挺直，双手紧握药球于腹前。

02 臀部后坐至前侧大腿与地面约成60度角。同时躯干略微前倾，双臂持球下移至前侧腿髋部外侧。

03 双脚蹬地，手臂向前伸直并以最大力量快速抛出药球。回到起始姿势，重复规定次数。对侧亦然。

基本姿势与步法

球性练习

传接球

运球

投篮

篮板球

基础配合与团队进攻

基础配合与团队防守

体能训练

01 双脚前后开立，核心收紧、腰背挺直，双手紧握药球于腹前。

02 向后侧腿一侧移动药球至髋部外侧。

05 快速下砸药球。

06 药球回弹，双手接住药球。

03 向上移动药球至头顶斜上方。

04 向前侧腿一侧移动药球。

小提示 全程保持核心收紧，腰背挺直。身体不要左右晃动。肘关节伸直时不要锁死。尽量垂直下砸药球，使药球沿直线回弹，这样就不需要移动身体去接药球。

07 回到起始姿势，完成规定次数。对侧亦然。

扫一扫，看视频

基本姿势与步法

球性练习

传接球

运球

投篮

篮板球

基础配合与团队进攻

基础配合与团队防守

体能训练

01 身体呈俯卧撑姿势，双臂垂直于地面，双脚脚尖撑地，核心收紧，身体呈一条直线。

02 双臂屈肘，使身体尽量贴近地面。

03 双臂伸直，快速、爆发式地撑起身体，使双手离开地面，此时身体依然呈一条直线。回到起始姿势，完成规定次数。

小提示 核心收紧，腰背挺直，躯干在中立位。推起时，身体一定要保持稳定。落地时注意缓冲。

扫一扫，看视频

壶铃 – 硬拉高翻 – 双臂 》

01 双手各持一个壶铃并紧握把手，下蹲至大腿与地面接近平行，躯干向前倾斜，壶铃底部接触地面。

02 下肢肌群协同发力，双脚快速蹬地，充分伸髋伸膝，身体直立，双臂跟随身体向上提拉壶铃至胸前。

03 收紧手臂，将壶铃向侧面翻转至肩部前方，使壶铃底部朝向体侧。回到起始姿势，完成规定次数。

扫一扫，看视频

徒手蹲 – 双脚跳 》

扫一扫，看视频

01 身体直立，双脚分开，约与肩同宽，挺胸直背，腹部收紧，双手环抱于头后。屈髋屈膝，下蹲至大腿与地面接近平行。

02 快速伸髋伸膝，向上跳起，注意落地时要屈髋屈膝缓冲。回到起始姿势，完成规定次数。

栏架 – 交换跳 – 横向 – 摆臂 》

扫一扫，看视频

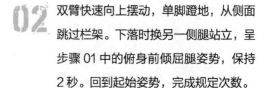

01 身体直立，站于栏架一侧，距栏架较远的腿支撑身体，另一侧腿向后屈曲至小腿与地面平行，双臂向上伸展至最大限度。躯干前倾，屈髋屈膝，双臂随身体向后摆动。

02 双臂快速向上摆动，单脚蹬地，从侧面跳过栏架。下落时换另一侧腿站立，呈步骤 01 中的俯身前倾屈腿姿势，保持 2 秒。回到起始姿势，完成规定次数。

壶铃 - 甩摆高翻 - 双臂 »

01 双脚分开，间距大于肩宽，脚尖与膝盖方向一致。双手各持一个壶铃并紧握把手，缓慢屈髋屈膝，下蹲至大腿与地面接近平行。同时躯干向前倾斜，保持壶铃底部接触地面。

02 挺胸抬头，略微屈髋屈膝下蹲后迅速恢复直立，手臂跟随身体向上提起壶铃至胸前。

小提示 下蹲甩摆时，腰背挺直，大腿蹲至与地面成 45 度角时快速伸直。抓举动作要连贯，在高拉的过程中，核心收紧，腰背挺直，双肩保持稳定。

03 收紧手臂，将壶铃向侧面翻转至肩部前方。回到起始姿势，完成规定次数。

扫一扫，看视频

基本姿势与步法
球性练习
传接球
运球
投篮
篮板球
基础配合与团队进攻
基础配合与团队防守
体能训练

01 身体直立，站于跳箱边缘，一侧腿支撑身体，对侧腿前伸悬空，双臂伸直举过头顶。

02 躯干向前倾斜，使身体自然下落，以屈髋屈膝，双臂随身体向后摆动的姿势落地。

03 向上摆动双臂，躯干直立，下肢肌肉发力，双脚蹬地，使身体向上跳起。

04 下落时恢复步骤 02 的姿势，起身直立。完成规定次数。对侧亦然。

扫一扫，看视频

小提示 落地时，膝关节不要内扣，不要超过脚尖。在腾空阶段，核心收紧，腰背挺直。体会核心发力，控制整个身体。

基本姿势与步法

球性练习

传接球

运球

投篮

篮板球

基础配合与团队进攻

基础配合与团队防守

体能训练

跳箱 - 有反向 - 双脚落地 》

01 身体直立，正对跳箱，双脚分开，与肩同宽，双臂伸直举过头顶。

02 躯干向前倾斜，屈髋屈膝，双臂快速摆动至身后。

03 双臂快速向上摆动至头顶，躯干也随之直立，下肢肌肉发力，双脚蹬地，向前跳上跳箱。

04 恢复屈髋屈膝、双臂后摆的姿势，起身直立。完成规定次数。

小提示 准备起跳时，用力摆臂，带动身体。落地时，膝关节不要内扣，不要超过脚尖。在腾空阶段，核心收紧，腰背挺直。体会核心发力，控制整个身体。

扫一扫，看视频

01 身体直立，侧对跳箱，双脚分开，与肩同宽，双臂伸直举过头顶。

02 躯干向前倾斜，屈髋屈膝，双臂随身体向后摆动，之后快速向上摆动至头顶，躯干也随之直立，下肢肌肉发力，双脚蹬地，使身体向上并向侧面旋转跳上跳箱。

小提示 准备起跳时，用力摆臂，带动身体。落地时，膝关节不要内扣，不要超过脚尖。在腾空阶段，核心收紧，腰背挺直。体会核心发力，控制整个身体。

03 跳上跳箱后，恢复屈髋屈膝、双臂后摆的姿势，起身直立。完成规定次数。对侧亦然。

扫一扫，看视频

基本姿势与步法

球性练习

传接球

运球

投篮

篮板球

基础配合与团队进攻

基础配合与团队防守

体能训练

01 身体直立，正对栏架，双脚分开，与肩同宽，双臂向上伸展至最大限度。

02 躯干向前倾斜，屈髋屈膝，双臂随身体向后摆动，之后快速向上摆动至头顶，躯干也随之直立，双脚蹬地，使身体向上并向前跳过栏架。

03 恢复屈髋屈膝、双臂后摆的姿势，保持该姿势 2 秒。回到起始姿势，完成规定次数。

小提示 准备起跳时，用力摆臂，带动身体。落地时，膝关节不要内扣，不要超过脚尖。在腾空阶段，核心收紧，腰背挺直。体会核心发力，控制整个身体。

01 身体直立，侧对栏架，双脚分开，约与肩同宽双臂向上伸展至最大限度。

02 躯干向前倾斜，屈髋屈膝，双臂随身体向后摆动。

03 双脚蹬地，伸展身体，向上跃起，跳过栏架手臂伸直过头顶。

04 双脚落地，恢复屈髋屈膝、双臂后摆的姿势，保持该姿势 2 秒。回到起始姿势，完成规定次数。

小提示 准备起跳时，用力摆臂，带动身体。落地时，膝关节不要内扣，不要超过脚尖。在腾空阶段，核心收紧，腰背挺直。体会核心发力，控制整个身体。落地后，尽快再次跳起。

扫一扫，看视频

踮脚蹲跳 »

扫一扫，看视频

01 身体直立，双脚分开，与肩同宽，双臂自然下垂，掌心相对。

02 屈膝屈髋，同时踮脚，双臂后摆。然后双腿发力，尽可能向上跳起，落地时屈膝缓冲。回到起始姿势，完成规定次数。

扫一扫，看视频

剪刀跳 »

01 身体直立，双脚分开，略窄于肩，双手叉腰。

02 一侧腿后伸，同时双腿屈膝降低重心，前侧腿屈膝90度，后侧腿膝关节将要贴近地面，脚尖点地，双脚快速用力蹬地，腾空时交换前后腿位置。

03 前后脚落地，屈膝缓冲，顺势向下蹲，至后侧腿膝关节快触地时，再次跳起。完成规定次数。

基本姿势与步法　球性练习　传接球　运球　投篮　篮板球　基础配合与团队进攻　基础配合与团队防守　体能训练

速度、灵活性强化

篮球运动中，不论是传球还是运球，都需要身体灵活、动作快速。本节将介绍有关速度提升、灵活性增强的训练。

运动姿快速转髋 》

扫一扫，看视频

01 身体直立，双脚分开，与肩同宽。上半身前倾，微微屈髋屈膝，双臂屈于体侧。

02 保持上半身前倾，有节奏、有弹性地快速跳离地面。跳跃的同时向一侧转髋，向对侧摆臂，落地后迅速向反方向跳跃。完成规定次数。

小提示 利用髋关节发力，而不是肩关节和躯干，始终保持上半身前倾，尽可能保持上下肢的协调性。

双脚前后交替跳 》

01 身体直立，双脚分开，与肩同宽。微微屈髋屈膝，脚跟略微抬起，双臂屈于体侧。

02 双脚有节奏且有弹性地一前一后快速小跳，双臂自然摆动，双脚前脚掌着地后再次迅速跳起，双脚于空中交换前后位置。跳跃结束后可向前跑动5~10米进行放松。

交替斜对角跳跃 »

扫一扫，看视频

01 身体直立，双脚分开，与肩同宽，挺胸抬头，目视前方，下颌收紧。

02 一侧腿快速向斜前方跨出一步，身体重心靠一侧，在一侧脚落地的瞬间快速提起对侧腿，双腿屈膝屈髋，两臂与其呈对侧前后摆动姿势。两侧交替进行，完成规定次数。

扫一扫，看视频

手触地跳跃 »

01 身体直立，双脚间距大于肩宽，脚尖微外旋。

02 俯身腰背挺直，屈膝屈髋，大腿几乎平行于地面。双臂置于两腿之间，近乎垂直于地面，指尖轻轻触地。

03 两脚迅速蹬地发力，伸髋、伸膝、伸踝，动作一气呵成，微跳离地面。腾空过程中身体完全伸展，两腿伸直，并拢。双脚脚尖落地后迅速跳起，双腿分开，屈膝、屈髋、屈踝至步骤02的姿势。如此完成规定次数。

小提示 注意准备起跳时大腿近乎平行于地面。起跳时双脚蹬地发力一定要迅速。注意落地缓冲。全程收紧核心。

基本姿势与步法 | 球性练习 | 传接球 | 运球 | 投篮 | 篮板球 | 基础配合与团队进攻 | 基础配合与团队防守 | 体能训练

对侧前后手碰脚 »

01 身体直立，双脚分开，约与肩同宽，臀部收紧，挺胸抬头，目视前方，下颌收紧，双臂伸直，自然放于身体两侧。

02 轻轻跳起，一侧腿向前屈膝、外旋至碰到对侧的手，回到起始姿势。

03 另一侧腿向前屈膝、外旋至碰到对侧的手，回到起始姿势。

04 一侧腿向后屈膝、外旋至在身体后方碰到对侧的手，回到起始姿势。

05 另一侧腿向后屈膝、外旋至在身体后方碰到对侧的手。按照同样的标准，完成规定次数。

屈髋外展跳 »

扫一扫，看视频

01 身体直立，双脚分开，间距略小于肩宽，双手叉腰。

02 一侧腿屈髋屈膝，另一侧腿发力向上跳起，落地后，屈髋屈膝腿外展，再次跳起。换至对侧重复以上步骤。两侧交替，完成规定次数。

对侧肘碰膝垫步跳 »

01 身体直立，双脚分开，与肩同宽，脚尖朝前，臀部收紧。

02 一侧腿快速向前屈髋屈膝，抬至大腿与地面平行，对侧手臂肘关节屈曲，并触碰抬起腿的膝关节。回到起始姿势，换对侧重复动作，两侧交替，完成规定次数。

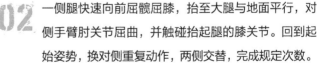

 小提示 在整个跳跃的过程中，躯干始终保持中立位。核心收紧，大腿抬起，脚尖勾起。另一侧手臂随身体自然后摆。

踝关节八字跳 »

01 双脚开立，间距略小于肩宽，双手自然垂于身体两侧。

02 双脚呈八字内收姿势，小腿发力，向身体一侧跳动。

03 双脚呈八字外展姿势，继续向身体一侧跳动。完成规定距离。

前后滑步 »

01 双脚开立，间距略小于肩宽，双手自然垂于身体两侧。

02 核心收紧，臀部收紧，上半身略微前倾，双脚贴地分别向前后滑步，双臂自然摆动，完成规定次数。

栏架 - 敏捷 - 纵向 - Z 字 》

01 纵向间隔放置 3 个栏架。站于栏架一侧，躯干前倾，屈髋屈膝。

02 左臂迅速向前摆动，右臂向后摆动，右脚抬起跨过第一个栏架，双臂交换摆动方向，左脚随之跨过第一个栏架，双脚落地。

03 右脚外展，身体重心右移，左臂向前摆动，右臂向后摆动。左脚抬起跨过第二个栏架，左脚落地，双臂交换摆动方向，右脚随之跨过第二个栏架。

扫一扫，看视频

04 双脚落地后，左脚向左前方跨一大步，越过第三个栏架，右手前摆，左手后展，最后双脚落地，恢复直立。完成规定次数。

303

01 横向间隔放置 5 个栏架，身体直立，站于第一个栏架一侧，双脚分开，双臂自然下垂。

02 一侧手臂迅速向前摆动，同侧脚蹬地发力；另一侧手臂迅速向后摆动，同侧腿迅速抬起，屈膝屈髋至大腿与地面平行，准备跨过第一个栏架。

基本姿势与步法

球性练习

传接球

运球

投篮

篮板球

基础配合与团队进攻

基础配合与团队防守

体能训练

03 一侧脚侧跨过第一个栏架后，交替摆臂，另一侧脚随之跨过第一个栏架。接着再次交替摆臂，双腿先后以高抬腿的姿势跨过第二个栏架，直至跨过第五个栏架。

04 在第五个栏架一侧以一侧腿单独支撑身体，另一侧腿以高抬腿的姿势站立2秒。之后原路返回，依次跨过5个栏架。

小提示 反方向依次跨过5个栏架的要点一致，注意在跨过最后一个栏架时，以高抬腿姿势稍做停留。如此循环规定的次数。全程注意挺直躯干，收紧核心，保持一定的节奏。

扫一扫，看视频

耐力强化

身体耐力对于球员来说也至关重要。球员往往需要足够的耐力来面对平时的训练和比赛，所以要重视耐力训练。

卷腹百次拍击 »

01 仰卧于垫上，屈膝屈髋，双臂伸直，置于身体两侧。

02 腹部发力，使身体上抬，同时屈髋至 90 度，且小腿与地面平行。

03 双臂在身体两侧上下摆动。完成规定次数。

扫一扫，看视频

扫一扫，看视频

基本姿势与步法

球性练习

传接球

运球

投篮

篮板球

基础配合与团队进攻

基础配合与团队防守

体能训练

01 身体直立，双脚分开，臀部收紧，挺胸抬头，下颌收紧，双臂自然下垂。

02 快速抬起右腿至大腿与地面平行，同时左脚蹬地发力，两臂微屈外展，呈类似跳绳的姿势。

03 快速换左腿抬起，要点一致。完成规定次数。

≫≫ 训练方式

中长跑可以强化球员的心肺功能，对于耐力的提升有很大帮助。中长跑距离可以为 200~3000 米。根据自身情况可训练 5~10 组。

≫≫ 训练场地

适宜运动的场地，如篮球场、操场等。

≫≫ 训练提示

可以采用不同的距离进行训练，如 200 米、800 米、1500 米和 3000 米。注意训练节奏和训练时长，过度训练有可能造成膝关节损伤。

≫≫ 推荐原因

中长跑是提升耐力最基础且有效的方法之一。

全场传球跑 ≫

≫≫ 训练方式

采用胸前传球或单手击地传球的方式，从底线开始，一边跑，一边传球给对面的队友，到达另一侧底线后结束建议训练 4~6 组。

≫≫ 训练场地

标准的篮球场。

≫≫ 训练提示

训练时避免出现走步的情况，否则效果会大打折扣。此训练最少需要 2 人参与，1 人无法完成。

≫≫ 推荐原因

全场传球跑可以提高团队协作能力，尤其有助于传接球技术水平的提升。

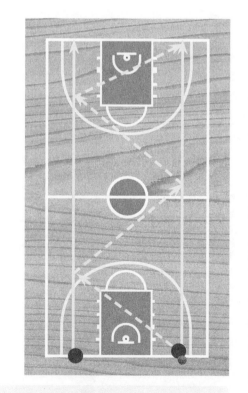

图例 球员 持球球员

⟶ 移动路线 ⇢ 传球路线

基本姿势与步法

球性练习

传接球

运球

投篮

篮板球

基础配合与团队进攻

基础配合与团队防守

体能训练

折返跑 »

⋙ 训练方式

从篮球场一侧的底线跑到另一侧底线，一来一回为 2 次，共进行 6 次。建议训练 1~2 组。

⋙ 训练场地

标准的篮球场。

⋙ 训练提示

可适当对折返跑的路线进行改变，此处以 2 条底线为两端，也可以在 2 条边线之间进行训练，熟练后，可加上运球，以提高难度。

⋙ 推荐原因

折返跑有助于提高球员的耐力。

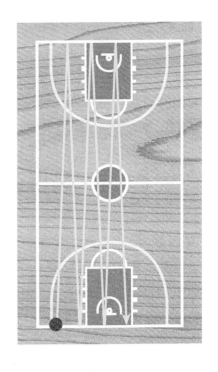

X 跑 »

⋙ 训练方式

球员先从一侧底角跑到同侧另一个底角，再跑到对角，接着跑到该侧另一个底角，最后跑到出发一侧的底角，如右图所示。建议训练 1~2 组。

⋙ 训练场地

标准的篮球场。

⋙ 训练提示

到达一个定点后可以用手触地。跑动时，注意保护好膝关节，以免损伤。

⋙ 推荐原因

此训练有助于提高球员的耐力。

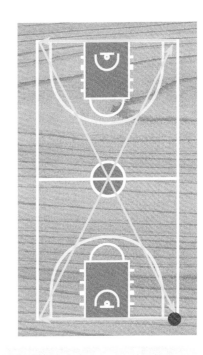

图例　 球员　——→ 移动路线

Z 跑 ≫

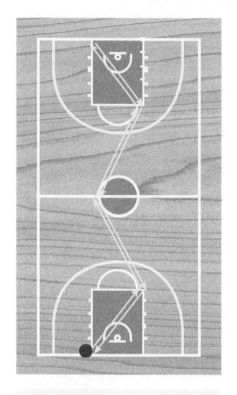

≫≫ 训练方式

球员从底线与油漆区一侧的交点开始以 Z 字形路线跑步。顺序依次为对角的罚球线端点、对侧中圈圆弧端点、对面半场罚球线对侧端点、对面半场底线与油漆区的对侧交点，然后折返。

≫≫ 训练场地

标准的篮球场。

≫≫ 训练提示

若想增加训练难度，可以在跑步过程中运球、绕锥桶，还可以在此基础上加入上篮运动来结束训练。

≫≫ 推荐原因

Z 跑的线路多变，能提升球员的耐力水平，可使球员更轻松地应对在比赛中遇到的各种耐力挑战。

图例　● 球员　──➤ 移动路线

作者简介

刘硕

体育学博士，山西大学体育学院讲师，硕士研究生导师，研究方向：专项运动教学训练理论与方法。国家级高级教练，中国篮球协会注册 B 级教练员，中国篮球协会注册国家级裁判员，执裁中国篮球协会三大联赛十个赛季。作为山西大学男子篮球队教练，2015—2017 赛季两次率队取得中国大学生篮球联赛全国第 5 名，西北赛区分区赛冠军；2017 年率队获得全国体育院校篮球联赛冠军，2018 年率队获得中国大学生篮球联赛大区赛冠军。个人参与省部级科研课题 5 项，获得国家级研究专利 1 项，在国内外核心期刊发表论文 5 篇。

在线视频观看说明

本书提供部分技术的动作展示视频，您可通过微信"扫一扫"，扫描书中的二维码进行观看。

步骤1　打开微信"扫一扫"（图1）。

步骤2　扫描技术动作讲解页面上的二维码。

步骤3　如果您尚未关注微信公众号"人邮体育"，扫描后会出现"人邮体育"的二维码。请根据说明关注"人邮体育"，并在关注后点击"资源详情"（图2），即可进入动作视频观看页面（图3）。如果您已关注微信公众号"人邮体育"，扫描后可直接进入动作视频观看页面。

图1

图2

图3